Gestão de produtos
e marcas

COLEÇÃO PRÁTICAS DE GESTÃO

Série
Marketing

Gestão de produtos e marcas

Maurício de Brito Gomes

FGV | EBAPE EDITORA

Copyright © 2015 Maurício de Brito Gomes

Direitos desta edição reservados à
Editora FGV
Rua Jornalista Orlando Dantas, 37
22231-010 | Rio de Janeiro, RJ | Brasil
Tels.: 0800-021-7777 | 21-3799-4427
Fax: 21-3799-4430
editora@fgv.br | pedidoseditora@fgv.br
www.fgv.br/editora

Impresso no Brasil | *Printed in Brazil*

Todos os direitos reservados. A reprodução não autorizada desta publicação, no todo ou em parte, constitui violação do copyright (Lei nº 9.610/98).

Os conceitos emitidos neste livro são de inteira responsabilidade do(s) autor(es).

Preparação de originais: Sandra Frank
Projeto gráfico: Flavio Peralta / Estudio O.L.M.
Diagramação: Ilustrarte Design e Produção Editorial
Revisão: Laura Zúñiga e Déborah Vasconcelos
Capa: aspecto:design
Imagem da capa: © Odua – Dreamstime

Ficha catalográfica elaborada pela
Biblioteca Mario Henrique Simonsen/FGV

> Gomes, Maurício de Brito
>   Gestão de produtos e marcas / Maurício de Brito Gomes. – Rio de Janeiro : Editora FGV, 2015.
>   104 p.
>
>   Inclui bibliografia.
>   ISBN: 978-85-225-1528-8
>
>   1. Marketing. 3. Administração mercadológica 4. Produtos novos. I. Fundação Getulio Vargas. II. Título.
>
>   CDD – 658.82

Sumário

Apresentação 7

Capítulo 1. Conceitos, usos e definições 9
    Definições, usos e contextos 9
    Níveis de produtos 13
    Classificação de produtos 15
    Estratégias de produto 19
    Arquitetura, hierarquia e sistema de marcas 26

Capítulo 2. Identidade de marca e *brand equity* 33
    Identidade, personalidade e promessa de marca 33
    Brand equity 38
    O modelo CBBE 46

**Capítulo 3. Segmentação de mercado, posicionamento e
ciclo de vida de produto** 53
    Segmentação de mercado 53
    Posicionamento 61
    Gestão de portfólio e ciclo de vida de um produto 65

**Capítulo 4. O processo de construção de marcas, lançamento
de produtos e seus aspectos jurídicos** 73
    Construção de marcas e execução de planos de marketing 73
    Ações que devem estar relacionadas no plano de marketing 76
    Lançamento de produtos e inovação 82
    Defendendo sua marca: aspectos legais 92

Bibliografia 99

Sobre o autor 101

Apresentação

A Fundação Getulio Vargas (FGV) foi fundada em 1944 com o objetivo de contribuir para o desenvolvimento do Brasil, por meio da criação e da difusão de técnicas e ferramentas de gestão. Em sintonia com esse objetivo, em 1952 a FGV, comprometida com a mudança nos padrões administrativos do setor público, criou a Escola Brasileira de Administração Pública (Ebap). Em seus mais de 60 anos de atuação, a Ebap desenvolveu competências também na área de administração de empresas, o que fez com que seu nome mudasse para Escola Brasileira de Administração Pública e de Empresas (Ebape).

A partir de 1990, a FGV se especializou na educação continuada de executivos, consolidando-se como líder no mercado de formação gerencial no país, tanto em termos de qualidade quanto em abrangência geográfica dos serviços prestados. Ao se fazer presente em mais de 100 cidades no Brasil, por meio do Instituto de Desenvolvimento Educacional (IDE), a FGV se tornou um relevante canal de difusão de conhecimentos, com papel marcante no desenvolvimento nacional.

Nesse contexto, a Ebape, centro de excelência na produção de conhecimentos na área de administração, em parceria com o programa de educação a distância da FGV (FGV Online) tem possibilitado que o conhecimento chegue aos mais distantes lugares, atendendo à sociedade, a executivos e a empreendedores, assim como a universidades corporativas, com projetos que envolvem diversas soluções de educação para essa modalidade de ensino, de *e-learning* à TV via satélite.

A Ebape, em 2007, inovou mais uma vez ao ofertar o primeiro curso de graduação a distância da FGV, o Curso Superior em Tecnologia em Processos Gerenciais, o qual, em 2011, obteve o selo CEL (technology-Enhanced Learning Accreditation) da European Foundation for Management Development (EFMD), certificação internacional baseada em uma série de indicadores de qualidade. Hoje, esse é o único curso de graduação a distância no mundo a ter sido certificado pela EFMD-CEL. Em 2012, o portfólio de cursos Superiores de Tecnologia a distância diplomados pela Ebape aumentou significativamente, incluindo áreas como gestão comercial, gestão financeira, gestão pública e marketing.

Cientes da relevância dos materiais e dos recursos multimídia para esses cursos, a Ebape e o FGV Online desenvolveram os livros que compõem a Coleção Práticas de Gestão com o objetivo de oferecer ao estudante – e a outros possíveis leitores – conteúdos de qualidade na área de administração. A coleção foi elaborada com a consciência de que seus volumes ajudarão o leitor a responder, com mais segurança, às mudanças tecnológicas e sociais de nosso tempo, bem como às suas necessidades e expectativas profissionais.

Flavio Carvalho de Vasconcelos
FGV/Ebape
Diretor

www.fgv.br/ebape

Capítulo 1

Conceitos, usos e definições

Neste capítulo, será feita a distinção entre produtos, marcas e *commodities*, e será mostrado o modo como a análise de níveis de produto auxilia o planejamento de marketing.

Em seguida, serão discutidas as distintas classificações de produtos, bem como as possíveis estratégias de produto para criação, promoção e manutenção de valores associados às marcas.

Finalmente, será destacado o modo como a existência de uma arquitetura, uma hierarquia e um sistema de marcas auxilia a ofertar uma grande variedade de marcas aos consumidores.

Definições, usos e contextos

Produtos, marcas e *commodities*

A dinâmica da economia globalizada fez com que a conquista pelo espaço – que outrora acontecia apenas em gôndolas de supermercado e demais pontos de venda – aconteça hoje em páginas da web, redes sociais e sites de compras coletivas. Os consumidores têm cada vez mais escolhas; por outro lado, têm cada vez menos tempo para realizar essas escolhas.

Nesse cenário de concorrência acirrada, a gestão de produtos e marcas tem ganhado importância nas organizações exatamente porque, ao ser conduzida com sucesso, consegue imprimir a imagem da marca na mente dos consumidores. A gestão de produtos e marcas é responsável por controlar a apresentação da identidade e da mensagem da marca através do fabricante, dos meios de comunicação e dos pontos de venda.

A maioria dos negócios costuma ser avaliada a partir dos ativos financeiros. O lucro financeiro de uma empresa depende diretamente da sua capacidade de gerar recursos por meio de seus resultados de vendas. A maneira mais eficaz de sabermos como anda o desempenho comercial é analisar as participações de mercado, os *market shares* dos produtos envolvidos no negócio em relação aos produtos da concorrência.

> **MERCADO**
>
> Conjunto de pessoas ou empresas que, oferecendo ou procurando bens, serviços ou capitais, determinam o surgimento e as condições da relação de consumo.
>
> **MARKET SHARE**
>
> Participação de mercado de uma determinada empresa. É calculado como percentual entre o que a empresa vendeu de uma determinada categoria de produto ou serviço e o que todas as empresas do setor venderam – mercado total.

Uma gestão de produtos e marcas bem-sucedida cria diferenciais competitivos consistentes – os chamados pontos de diferenciação –, capazes de gerar experimentação em potenciais consumidores ou de fidelizar aqueles já existentes. Ao se ampliar a base de clientes, aumentam-se as vendas e a possibilidade de praticar preços atrativos. Por meio de vendas maiores a preços adequados, maximiza-se a participação de mercado e a lucratividade da empresa.

> **PHILIP KOTLER**
>
> Doutor em economia pelo Massachusetts Institute of Technology, Kotler leciona marketing internacional na Kellogg Graduate School of Management, da Northwestern University.
> Um dos pais do marketing, definiu seus princípios elementares, dedicando boa parte de seu tempo à sua pesquisa e difusão. Kotler ajudou a retirar o histórico foco de variáveis como preço e ponto de distribuição e aumentou a importância da satisfação da necessidade do consumidor.
>
> **KEVIN LANE KELLER**
>
> Professor de marketing da Tuck School of Business do Dartmouth College, onde leciona nos cursos de MBA em Gestão em Marketing e Gestão Estratégica, além de ministrar palestras em programas executivos sobre o assunto. Anteriormente, atuava no corpo da Graduate School of Business da Universidade de Stanford, do qual também foi chefe de marketing.
> Reconhecido como um dos líderes internacionais no estudo de marcas, *branding* e gestão estratégica da marca, Keller realiza uma série de estudos que abordam construir, medir e gerenciar o *brand equity*. Seu livro, em coautoria com Kotler, *Gestão do marketing estratégico*, tem sido adotado nas escolas superiores de negócios e em empresas líderes de todo o mundo, além de ter sido anunciado como a bíblia do marketing.
> Seu interesse específico de pesquisa está em como as teorias de compreensão e conceitos relacionados com o comportamento do consumidor podem melhorar as estratégias de marketing.

Kotler e Keller (2006) afirmam que um produto é tudo que pode ser oferecido a um mercado para satisfazer uma necessidade ou desejo. Dessa forma, produtos podem ser bens físicos, serviços, experiências, eventos, pessoas, lugares, propriedades, organizações, informações e ideias. A gestão de produtos e marcas procura entender – e transformar em atributos claros de seus produtos – as necessidades do público-alvo, seus desejos e suas demandas específicas.

Para o mercado, produtos são mercadorias físicas e tangíveis que podem ser manipuladas e analisadas antes de se realizar a compra. Em contraponto aos produtos estão as prestações de serviços, intangíveis.

QUADRO 1
NECESSIDADE OU DESEJO?

> Necessidade humana é um estado de privação de alguma satisfação básica. O ser humano precisa de alimento, roupas, moradia, segurança, sentimento de posse e autoestima para sobreviver. Essas necessidades não foram criadas pelo mercado, impostas pela sociedade ou por modismos; elas atendem às nossas características biológicas e são inerentes à condição humana. As necessidades são transformadas em desejos quando dirigidas a objetos específicos capazes de satisfazê-las. Um jovem necessita vestuário e deseja uma calça Diesel. Um executivo necessita de estima e deseja um BMW. Uma criança brasileira necessita de comida e deseja ir ao McDonald's. Uma criança indiana necessita de comida e deseja uma manga ou um pouco de arroz. Os desejos são continuamente moldados e remoldados por forças e instituições sociais, como mídia, escolas, igrejas, famílias, empresas. Os especialistas de marketing não criam necessidades, elas já existiam antes deles. Os gestores de produtos e marcas, junto a outros influenciadores da sociedade, despertam desejos. Esses profissionais são capazes de promover a ideia de que um BMW pode satisfazer a necessidade de uma pessoa por *status* social e melhorar sua autoestima. Entretanto, não conseguem criar uma necessidade de *status* social.

Fonte: Adaptado de Kotler (2000:33).

Commodities são produtos que apresentam alta demanda e são comercializados sem diferenciais qualitativos que possam distinguir concorrentes entre si. Devido a esse fato, o mercado consumidor considera as *commodities* oriundas de fabricantes distintos como equivalentes.

São exemplos de *commodities*: soja, petróleo, minério de ferro, aço, ouro. O preço do ouro, por exemplo, é universal e flutua de acordo com a oferta e a procura em nível mundial. O consumidor não consegue diferenciar as *commodities* porque todas elas servem para satisfazer a mesma necessidade, não há benefícios que as distingam e, dessa forma, todas têm o mesmo valor de venda.

As marcas são conceitualmente opostas às *commodities* porque conseguem ser percebidas pelo mercado consumidor como detentoras de características que as tornam diferentes de outros produtos da categoria.

Em raras ocasiões, contudo, uma estratégia bem-sucedida de gestão de marcas consegue fazer o consumidor perceber que uma *commodity* se distancia da categoria e consegue transformá-la em um produto.

A Nestlé fez isso com o café e com as marcas Nespresso, Perrier e San Pellegrino – e as duas últimas fizeram o mesmo com a água mineral, que, provavelmente, é a *commodity* com maior disponibilidade de oferta em todo o mundo.

Um pouco de história

A palavra *marca* origina-se de *burn*, termo da língua inglesa utilizado no passado para designar o processo feito para marcar com ferro quente as cabeças de gado e, assim, distingui-las dos animais de terras vizinhas.

Burn deu origem à palavra *brand*, tradução de *marca* nessa mesma língua. A marca penetra na mente do consumidor como ferro incandescente, como forma de realizar seus desejos de consumo. As marcas que atingem o desafio de se embrenhar na mente dos indivíduos de forma perene conseguem a almejada fidelização do consumidor.

> **COMENTÁRIO**
>
> Segundo a American Marketing Association (AMA), uma marca é um nome, termo, desenho de embalagem, logotipo, símbolo ou qualquer outra característica que identifique um produto e o diferencie de outro. Uma marca pode identificar um determinado item, uma família de itens ou todos os itens de um determinado fornecedor.

Brand, por sua vez, deu origem ao termo *branding*, que faz referência ao conjunto de atividades que visam desenvolver a gestão de marcas como diferencial competitivo. Por meio de *branding*, atingem-se as metas de construção da marca.

Atividades de *branding* envolvem *design*, escolha de nome, proteção legal, pesquisa de mercado, avaliação financeira, posicionamento, segmentação e comunicação em um sentido amplo.

É importante, contudo, não achar que se está fazendo *branding* com uma ou duas atividades apenas; fazer *branding* requer a integração de uma série de atividades que trabalhem a identidade e a fixação da marca. Em outras palavras, ter uma marca forte é um objetivo; o *branding* é a maneira como se chega lá.

Marcas são produtos escolhidos em razão de seus aspectos únicos, que os distinguem de produtos semelhantes. O consumidor decide entre um produto e outro porque confia em sua promessa, em suas características particulares e passa a ter um relacionamento de confiança com esse produto. A maioria dos consumidores não se importa em investir tempo e dinheiro extra para adquirir produtos em cuja promessa acredita.

> **CONCEITO-CHAVE**
>
> A promessa é o benefício central que se obtém ao consumir a marca; a definição objetiva e inspiradora do *como* a marca deve ser percebida pelo consumidor.

> **EXEMPLO**
>
> O McDonald's, maior cadeia de restaurantes do mundo, promete proporcionar aos seus consumidores uma refeição barata, padronizada, preparada e entregue de maneira rápida em um ambiente familiar. A Federal Express foi pioneira no serviço de entregas rápidas nos Estados Unidos ao prometer ser a única escolha quando a alternativa era enviar ou receber uma encomenda em menos de 24 horas. A promessa da marca Natura – bem estar bem – está relacionada à utilização de seus produtos como veículos de autoconhecimento. A marca sueca de automóveis Volvo promete segurança e durabilidade para a família.

A promessa central da marca e seu *slogan* nem sempre são equivalentes. A promessa central orienta todas as ações da empresa em relação à marca e inclui a própria criação de um *slogan*, mas este pode sofrer modificações ao longo do tempo. Uma marca cuja promessa é histérica e sofre alterações frequentes tende ao fracasso. Já a *essência da marca* e sua *promessa* são termos de igual significado.

A chave para a criação de uma promessa de marca com aderência aos desejos do consumidor envolve a construção de estruturas mentais que ajudam os consumidores a organizar conhecimentos e agilizar a tomada de decisão. Os consumidores devem facilmente perceber a diferença entre as marcas de uma categoria de produto. Para tanto, uma promessa de marca deve ser clara – não envolver muitos benefícios –, relevante – este benefício deve ser importante para o consumidor – e distinta – não ser compartilhada por muitos produtos.

> **COMENTÁRIO**
>
> A função mais complexa do gestor de marcas é desenvolver uma promessa capaz de comunicar indiretamente os benefícios contidos em produtos e serviços, o que vai muito além da pura e simples descrição das características físicas destes. Fabricantes que concentram suas energias no produto físico, em vez de focarem a necessidade real do consumidor, são conhecidos por sofrerem de miopia em marketing.

Níveis de produtos

Segundo Kotler (2000), o gestor de produtos e marcas precisa analisar cinco níveis de produto para planejar sua oferta ao mercado (figura 1). A cada mudança de nível, mais valor é agregado para o cliente, e os cinco níveis juntos constituem uma hierarquia de valor.

FIGURA 1
NÍVEIS DE PRODUTO

- Produto potencial
- Produto ampliado
- Produto esperado
- Produto básico
- Benefício central

Fonte: Kotler (2000: 417).

O nível mais central é o benefício central: o serviço ou benefício fundamental que o cliente está realmente comprando – o comprador de um carro está comprando transporte terrestre, um hóspede que se registra em um hotel está comprando descanso ou pernoite. O gestor de marketing deve ter o entendimento que aquilo que se oferece ao consumidor é um benefício. O entendimento claro do real benefício do produto ou serviço auxilia no desenvolvimento de produtos que satisfaçam mais adequadamente suas necessidades e, desta forma, previnem a miopia em marketing.

No segundo nível, transforma-se o produto central em um produto básico ao considerar as características e atributos absolutamente necessários para o desempenho de sua função; contudo ainda nesse nível não se desenvolvem aspectos diferenciadores do produto em relação à concorrência. Um guarda-chuva, por exemplo, deve ser impermeável, um sapato deve fornecer proteção aos pés, um quarto de hotel deve oferecer cama e banheiro.

O terceiro nível, o produto esperado, contém uma série de atributos e condições que os compradores geralmente esperam e com os quais concordam ao comprar o produto. Os compradores de um carro esperam qualidade e segurança, sobretudo que o carro não apresente mau funcionamento, e geralmente escolhem sua marca, modelo e cor. Os hóspedes de um hotel esperam uma cama arrumada, toalhas limpas, serviço de quarto diário e silêncio. A competição de mercados ou categorias não maduras ocorre nesse nível de produto.

O quarto nível, do produto ampliado, contém aqueles benefícios, atributos ou serviços relacionados ao produto que o diferenciam da concorrência e que normalmente excedem as expectativas do consumidor. Nos mercados e categorias mais maduros, a competição ocorre com maior intensidade nesse nível. Um comprador de carro fica satisfeito quando recebe garantia por três anos, opções agressivas de financiamento e carro emprestado durante a revisão. Um hotel pode oferecer serviço de quarto 24 horas, canais de TV à *la carte* e um menu com opções de travesseiros com pena de ganso, essência de camomila ou linho egípcio. Distribuição e embalagem também são componentes desse nível.

Kotler e Keller (2006) comentam que cada ampliação agrega custo, porque os benefícios ampliados logo se tornam benefícios esperados. Os viajantes executivos de hoje em dia já esperam por ter, sem custo adicional, acesso sem fio a uma rede de alta velocidade. Os gestores de marcas devem sempre estar procurando por benefícios diferenciadores que surpreendam os consumidores.

Classificação de produtos

Produtos podem ser classificados segundo três critérios: durabilidade, tangibilidade e uso. Cada tipo de produto exige uma abordagem do composto de marketing diferenciada. Os critérios estão ilustrados a seguir:

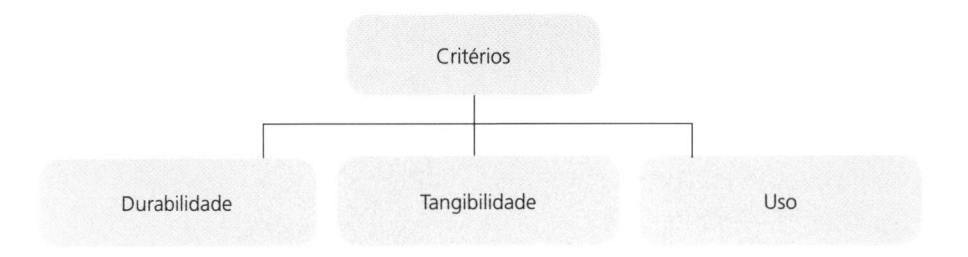

GESTÃO DE PRODUTOS E MARCAS

```
                    Critérios
            ┌──────────┼──────────┐
       Durabilidade  Tangibilidade  Uso
```

> **COMPOSTO DE MARKETING**
>
> Conjunto de instrumentos à disposição do administrador para implementar uma estratégia de marketing, também chamado de 4 Ps. São eles: produto, preço, ponto de venda ou praça e publicidade.
> A chave para formar o melhor composto de marketing é procurar saber quais são os desejos das pessoas a serem atendidas.
> O conceito de composto de marketing também pode ser traduzido pelos termos *marketing mix*, mix de marketing e composto mercadológico.

É possível classificar produtos em três grupos, de acordo com a tangibilidade e a durabilidade, como ilustrado abaixo:

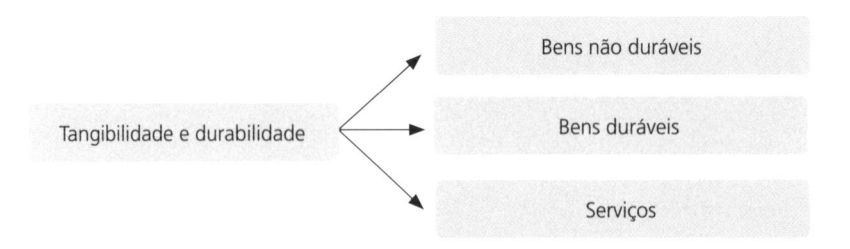

```
                              ┌──► Bens não duráveis
Tangibilidade e durabilidade ─┼──► Bens duráveis
                              └──► Serviços
```

Bens não duráveis são bens tangíveis consumidos rapidamente ou utilizados poucas vezes, como refrigerantes, artigos de higiene, alimentos, cosméticos e bebidas. Como são comprados com frequência, deve ser intensificada sua distribuição, ou seja, é preciso deixá-los disponíveis em um grande número de pontos de venda e investir em propaganda e materiais de *merchandising* para induzir à experimentação e, dessa forma, ganhar a preferência do consumidor.

Bens duráveis são bens tangíveis cuja utilidade perdura por um período maior de tempo. Eletrodomésticos, artigos eletrônicos, joias e automóveis são bens duráveis.

Em geral, a decisão de compra desse tipo de produto demanda maior reflexão da parte do consumidor e exige, muitas vezes, uma grande habilidade da parte do vendedor, além de serviços associados, como garantia e assistência técnica. Como geralmente a diferenciação entre produtos de uma mesma categoria é maior, as margens praticadas pelos fabricantes são maiores do que as margens dos bens não duráveis.

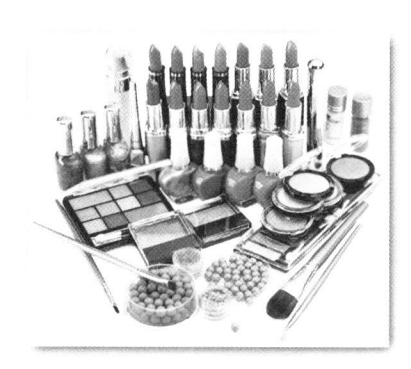

Serviços são produtos intangíveis sujeitos à variação de qualidade, uma vez que dependem das ações dos indivíduos envolvidos na sua prestação. Atividades bancárias, consultorias, educação, seguros, tratamentos médicos e transportes são serviços. Além da intangibilidade, outras características ajudam a identificar serviços: não há transferência de propriedade quando um serviço é vendido, serviços são produzidos e consumidos simultaneamente, não podem ser estocados e estão sujeitos a variação sempre que são prestados.

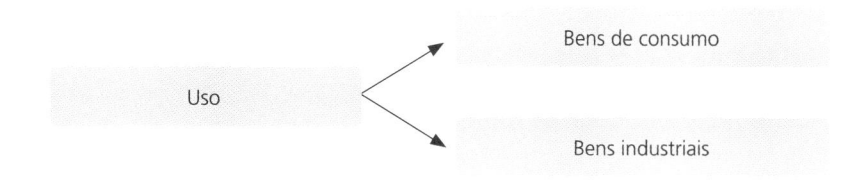

MARGEM

Indicador de desempenho. Expressa a relação entre lucro operacional e montante de vendas.

Uso
- Bens de consumo
- Bens industriais

Em relação ao uso, os produtos são classificados como bens de consumo ou bens industriais. Os bens de consumo destinam-se a satisfazer as necessidades de consumo de um indivíduo; já os industriais destinam-se a auxiliar a produção de outros bens.

Os bens de consumo se subdividem em bens de conveniência, bens de compra comparada e bens de especialidade.

```
Bens de consumo
├── Bens de conveniência
├── Bens de compra comparada
└── Bens de especialidade

Bens de conveniência
├── Básicos
├── De impulso
└── De emergência
```

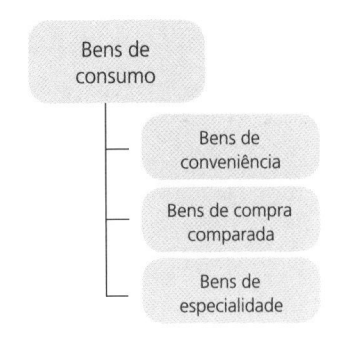

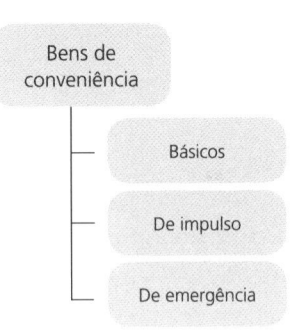

Bens de conveniência são aqueles comprados regularmente, com o menor esforço possível. Os bens de conveniência se subdividem em três outras categorias: *básicos*, *de impulso* e *de emergência*.

Os básicos são aqueles comprados com regularidade; assim, um comprador compra regularmente artigos de higiene, marcas preferidas de alimentos e artigos de limpeza.

Os bens de impulso são aqueles comprados sem planejamento prévio ou esforço de busca, tais como balas, revistas, cigarros. Os *displays* que ficam perto dos caixas, cheios de itens, ficam lotados de bens de impulso e costumam ser negociados com os fabricantes a peso de ouro.

Os bens de emergência são comprados somente quando existe uma necessidade urgente – velas durante um apagão, capas de chuva durante um temporal, certos medicamentos durante uma epidemia de gripe. Os fabricantes dos bens de emergência devem estar preparados para não ficar sem estoques frente a demandas repentinas e ter uma logística de distribuição capaz de fazer com que seus produtos cheguem rapidamente aos locais de forte consumo.

Os bens de compra comparada são detalhadamente analisados pelos consumidores, que os comparam durante o processo de compra. Os instrumentos de busca e sites especializados permitem que os consumidores confrontem preços, facilidades de pagamento e modelos e leiam depoimentos de pessoas satisfeitas ou não satisfeitas. São exemplos os artigos de vestuário, os telefones celulares e os computadores.

Os bens de especialidade detêm atributos pelos quais os consumidores estão dispostos a fazer um esforço extra de compra. Artigos de luxo, relógios, joias, carros esportivos e artigos de alta-costura se enquadram nesse tipo de bem. Acrescente-se, ainda, que os compradores desses bens comparam produtos e investem tempo e energia nas compras.

Os bens industriais podem ser classificados como materiais e peças, bens de capital, suprimentos e serviços empresariais.

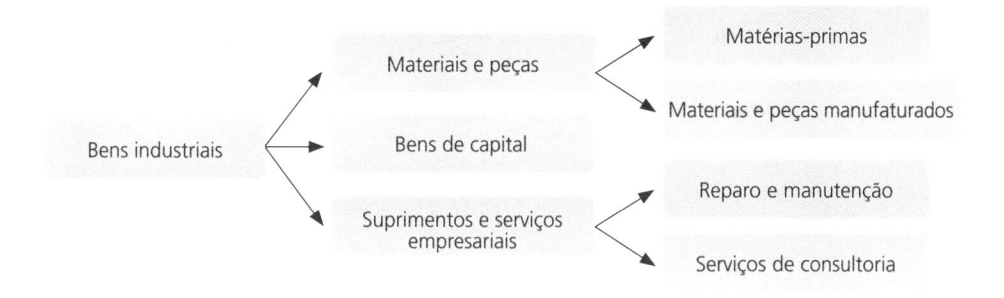

```
Bens industriais ─┬─► Materiais e peças ─┬─► Matérias-primas
                  │                      └─► Materiais e peças manufaturados
                  ├─► Bens de capital
                  └─► Suprimentos e serviços ─┬─► Reparo e manutenção
                      empresariais            └─► Serviços de consultoria
```

Materiais e peças são bens utilizados no processo de fabricação de produtos manufaturados e se subdividem em dois tipos: matérias-primas, por exemplo algodão, trigo, minérios de ferro, peixe e madeira; e materiais e peças manufaturados.

Bens de capital são bens que duram longos períodos de tempo e são usados para facilitar o desenvolvimento ou o gerenciamento do produto acabado. Instalações – escritórios e fábricas – e equipamentos – geradores, elevadores e guindastes – são bens de capital.

Suprimentos são bens de curta duração utilizados no desenvolvimento do produto acabado, como materiais para escritório e lubrificantes para maquinário. Eles equivalem aos bens de conveniência porque são comprados com o mínimo de esforço. Serviços empresariais incluem reparo e manutenção e serviços de consultoria.

Estratégias de produto

O objetivo desta seção é analisar possíveis estratégias de produto utilizadas na criação, na promoção e na manutenção do valor associado à marca.

No passado, evitava-se introduzir qualquer produto novo com o nome de uma marca já existente, pois o número pequeno de concorrentes em cada categoria e os baixos custos associados à introdução de uma marca nova justificavam, na grande maioria dos casos, o lançamento dessas marcas. Contudo, nas últimas décadas, o aumento do número de marcas em cada categoria, os investimentos em pesquisa, os gastos com comunicação de massa e a necessidade de crescimento para obtenção de ganhos de escala de produção forçaram as empresas a rever, com frequência regular, outras opções de crescimento, como o desenvolvimento de novos produtos, a abertura de novos mercados ou canais de distribuição e o lançamento de novas campanhas de marketing.

A matriz de Ansoff

> **CONCEITO-CHAVE**
>
> A matriz de Ansoff foi criada com o intuito de orientar questionamentos acerca do crescimento dos negócios. Ela segmenta quatro alternativas diferentes de se obter crescimento e, dessa forma, auxilia gestores de produtos e marcas a ponderar sobre os riscos e as oportunidades associados à introdução de novos produtos.

FIGURA 2
MATRIZ DE ANSOFF

		Produtos	
		Existentes	Novos
Mercados	Existentes	Penetração de mercado	Desenvolvimento de produtos
	Novos	Desenvolvimento de mercado	Diversificação

> **IGOR ANSOFF**
>
> Bacharel em engenharia mecânica e física e doutor em matemática aplicada em Nova Iorque. Trabalhou na Rand Foundation, especializada em assuntos militares, e na empresa aerospacial Lockheed, onde atuou como diretor-geral. Optou pela carreira acadêmica no Carnegie Institute of Technology, onde publicou o *best-seller Corporate strategy*, hoje considerado a bíblia do planejamento estratégico. Foi reitor da Vanderbilt University e criou uma escola de negócios especializada em estratégia.

A identificação clara da estratégia de crescimento do negócio, por meio do crescimento de produto ou de mercados, facilita a tabulação dos riscos associados a cada uma dessas possibilidades. Cada vez que a organização decide ir para um quadrante diferente do negócio, potencializa-se a exposição ao risco. Por esse prisma, a alternativa de menor risco para essa organização, na maioria das ocasiões, será permanecer no mercado em que atua, pois sabe como sua marca se comporta frente às possíveis oscilações de demanda e ações da concorrência.

O risco aumenta consideravelmente quando a organização se move para um mercado novo com um produto existente ou para um produto novo em um mercado existente. Maiores riscos, contudo, possibilitam maiores ganhos.

Penetração de mercado

Nessa alternativa, objetiva-se vender mais dos mesmos produtos para um mesmo público-alvo. As opções são as de aumentar o investimento em propaganda para ampliar a exposição da marca. A empresa também pode criar um programa de fidelização (como os cartões de milhagem das companhias aéreas), ativar promoções de preço ou ações promocionais, aumentar a força de vendas ou mesmo comprar uma empresa concorrente.

> **AÇÕES PROMOCIONAIS**
>
> Conjunto de vantagens adicionais oferecidas aos consumidores na aquisição de algum produto, por tempo limitado.
>
> **FORÇA DE VENDAS**
>
> Equipe formada por representantes de vendas, consultores de vendas, agentes, gestores distritais e representantes de marketing. O objetivo da força de vendas é encontrar e desenvolver novos clientes, comunicar informações sobre os produtos e serviços da empresa.

Desenvolvimento de mercado

Nesse quadrante, a organização tenta vender mais dos mesmos produtos para consumidores diferentes. Esse objetivo pode ser atingido através da expansão de sua atuação em outras regiões do país ou no exterior, pelo uso de novos canais de distribuição, como comércio eletrônico ou vendas diretas, ou quando direciona a própria marca para um público-alvo distinto do atual, por exemplo consumidores com outro perfil em relação à idade, ao sexo ou à renda.

Segue o quadro 2 para leitura e análise.

QUADRO 2
FERRAMENTAS DE AUDITAGEM DE MERCADO

Empresas como a ACNielsen oferecem ferramentas de auditagem do mercado de varejo para verificar oportunidades de penetração e analisar os cenários competitivos. Muitas dessas ferramentas auditam a distribuição numérica e a ponderada. A distribuição numérica avalia a cobertura de determinado produto. Por exemplo, se a Coca-Cola zero tem 82% de distribuição numérica em autosserviço na área IV. Isto que dizer que, na região da Grande São Paulo, esse produto está presente em 82% dos supermercados; assim, em 18% das lojas, o produto está faltando ou não está listado. A distribuição poderada leva em conta o faturamento da categoria nas lojas que negociam a marca considerando o faturamento total da categoria, ou seja, esse índice pondera a importância da loja na distribuição total. Alguns produtos podem até não estar presentes em todos os pontos de venda, porém, se estiverem com uma boa distribuição ponderada (ou seja, se estiverem presentes onde o faturamento é maior), pode-se dizer que estão tendo uma distribuição eficaz.

Desenvolvimento de produtos

Nesta alternativa, a organização tenta vender produtos diferentes para o mesmo público-alvo. Por exemplo, uma determinada marca de sorvetes pode passar a vender novos sabores – ou combinar um novo sabor com um já existente. No setor de serviços, negócios complementares ao negócio atual podem ser vendidos, como no caso de empresas especializadas em mudanças residenciais – tais empresas podem oferecer também serviços de pintura ou de marcenaria nas residências novas.

Se os dois quadrantes relativos à dimensão de novos produtos se juntarem, a organização deverá escolher entre três alternativas possíveis. Ela poderá utilizar a estratégia de multimarcas e lançar uma nova marca para cada novo produto, poderá combinar uma marca nova com uma existente – estratégia de submarcas, por exemplo Kia Sportage ou Sony Play Station – ou utilizar uma das marcas existentes para criar extensões de marca e de linha.

A estratégia de submarcas e a de multimarcas são as mais utilizadas. No caso da segunda (multimarcas), muitas empresas optam por lançar, adquirir e comercializar várias marcas na mesma categoria. A InBev produz e distribui para o mercado brasileiro as cervejas Skol, Antarctica, Brahma, Bohemia, Original, Polar e Serra Malte. Dessa forma, tais empresas procuram estabelecer atributos diferentes para cada um dos produtos, com o objetivo de aumentar a participação de mercado na categoria. A Unilever, fabricante anglo-holandesa de produtos de consumo em áreas distintas, como limpeza, alimentação e cosméticos, detém três linhas de sabonetes – Dove, Vinólia e Lux – e ainda comercializa produtos de categorias bem diferentes, como Omo, Doriana, Kibon, Hellmann's e Rexona.

Diversificação

Reconhecidamente a mais arriscada das alternativas, pois nesse quadrante a organização decide comercializar produtos novos em mercados novos. A grande vantagem é que, se ocorrer crise em um mercado ou categoria específica, há chance de o novo mercado conseguir manter a saúde financeira da organização. Na maioria dos casos, a empresa decide comercializar produtos novos na linha em que já atua. Por exemplo, um fabricante de sucos de fruta decide comercializar gelatina em pó; outro fabricante, além do tradicional xampu, decide fabricar tintura para cabelo. No entanto, algumas organizações se aventuram em negócios não relacionados ao seu *core business*. O grupo OGX, de Eike Batista, por exemplo, cujo negócio inicialmente focava a mineração, decidiu aproveitar as oportunidades na área de turismo oferecidas no Rio de Janeiro e investiu na compra de um hotel e de um Centro de Convenções. Pouco tempo após a decisão de diversificação, contudo, o grupo entrou em colapso financeiro e se desfez da maioria dos seus ativos, inclusive do hotel e do Centro de convenções.

> **CORE BUSINESS**
> Critério de definição de negócio baseado na agregação de valor que o produto ou o serviço da empresa proporciona – definição de qual é a atividade/negócio principal da empresa.

Extensões de linha e de marca

Extensões de linha

Uma extensão de linha acontece quando se introduz, no produto existente, uma variação que compartilha características e atributos do produto de origem, porém oferece um benefício adicional ou diferenciado.

> **EXEMPLO**
> A Coca-Cola Zero é uma extensão de linha da Coca-Cola original. O xampu Elseve para cabelos normais que ficam oleosos ao longo do dia é uma extensão de linha do xampu Elseve. Novos sabores de biscoitos, novas cores de tintura para cabelo e tamanhos diferentes de latas e garrafas de cerveja podem ser considerados extensões de linha.

Embora as extensões de linha representem a maioria dos novos lançamentos de produtos, principalmente entre os bens de consumo, essa estratégia também envolve risco, o que obriga a empresa a tomar uma decisão complexa. Muitas vezes, ao criar um SKU a mais na linha de produto, os custos de distribuição aumentam e se tem que pagar enxoval para listagem e comercialização em grandes cadeias de varejo. Às vezes, uma linha de produtos muito extensa confunde o consumidor, que acaba optando por produtos da mesma categoria, porém de fornecedor concorrente. A indústria de cosméticos, por exemplo, vem apresentando diversas inovações nos últimos anos, resultado de muito investimento em pesquisa e tecnologia, mas sabiamente costuma abrir mão de lançar demasiadas extensões de linha para o segmento do público masculino, porque considera que este não percebe com tanta clareza os benefícios trazidos por tantas opções de produtos.

Embora haja alguns riscos associados às extensões de linha, existem algumas razões legítimas que justificam o sucesso dessa estratégia:

- energizar uma marca – a extensão de linha pode ser uma maneira de deixar uma marca mais relevante, interessante e visível. Com isso, é possível criar uma base para a diferenciação, captar nova audiência para a propaganda de uma marca já cansada e, assim, estimular as vendas;

> **STOCK KEEPING UNIT (SKU)**
> Menor unidade de um produto movimentado por uma empresa designada de acordo com sua forma de apresentação, seu tamanho, seu formato, sua cor ou outras características.
> Em português, o termo *stock keeping unit* (SKU) pode ser traduzido como unidade de manutenção de estoque.

- expandir a promessa de vendas para novos consumidores – uma marca pode ser tão forte a ponto de promover lealdade, porém ser sectária e exclusivista. A explosão de extensões de linha *light* e *diet*, por exemplo, quebrou esse tipo de barreira em algumas categorias de produtos;
- gerenciamento de inovação – as extensões de linha podem tornar-se um modo de encorajar e gerenciar inovação por meio da intensificação da proposição de valor e, com isso, expandir o uso contextual da marca e bloquear opções competitivas;
- bloqueio de ações competitivas – as extensões de linha podem tornar-se a única alternativa para bloquear o crescimento do espaço nas gôndolas dos supermercados pela concorrência.

Extensões de marca

Um nome já conhecido que soe familiar a eventuais consumidores potencializa as chances de sucesso de uma marca. Com raras exceções, os filmes *blockbusters* têm diretores e atores de sucesso, os restaurantes com fila na porta têm *chefs* renomados e o topo das paradas de sucesso das músicas é ocupado por artistas já conhecidos. Os produtos com participações expressivas de mercado, com grande frequência, carregam consigo o nome de uma marca já conhecida. Ao entrar no mercado com o aval dessa marca já estabelecida, o novo produto estreia com a credibilidade emprestada de uma marca cuja reputação levou décadas para ser construída.

Uma extensão de marca acontece quando se usa o nome de uma marca existente para lançar produtos em outra categoria. Esse novo produto – ou essa nova linha de produtos – mantém a identidade, a essência e a promessa da marca existente e compartilha com ela tais atributos. Os exemplos alcançam a bebida láctea Alpino, as escovas de dente Colgate, o xampu Dove, o picolé Prestígio e os perfumes Ferrari, entre outros. Essa estratégia apresenta a vantagem de oferecer, instantaneamente, os atributos associados à marca na categoria original ao produto que entra na nova categoria.

> **COMENTÁRIO**
>
> Um cuidado deve ser a superextensão de marca, que pode levar à erosão da imagem da marca na mente do consumidor. O perfume BIC é um exemplo de produto que não agregou valor à marca mãe e acabou por ser descontinuado.

Dezesseis entre as 100 maiores empresas do Japão usam a marca Mitsubishi. Por que construir uma marca se o nome Mitsubishi pode significar tudo? No quadro 3, a relação dessas empresas.

QUADRO 3
A MARCA MITSUBISHI

Mitsubishi Corporation
Mitsubishi Elétrica
Mitsubishi Motores
Mitsubishi Indústria Pesada
Mitsubishi Química
Mitsubishi Petróleo
Mitsubishi Materiais
Mitsubishi Imobiliária
Mitsubishi Rayon
Mitsubishi Química
Mitsubishi Papel
Mitsubishi Instalações Elétricas
Mitsubishi Plásticos
Mitsubishi Logística
Mitsubishi Vendas de Papel
Mitsubishi Construções

Estender o nome de uma marca costuma ser lucrativo, mas é uma decisão estratégica com vários riscos associados. Caso o novo produto não se alinhe com a identidade, a essência, o posicionamento, ou mesmo não consiga fazer a conexão sentimental com a base de consumidores, a marca de origem poderá ficar fragilizada.

Entre as vantagens associadas às extensões de marca estão facilitar a aceitação do novo produto, melhorar a imagem da marca mãe, otimizar o investimento em propaganda e promoção e reduzir os custos de lançamento e acompanhamento.

Arquitetura, hierarquia e sistema de marcas

Até as últimas décadas do século XX, a maioria das marcas era constituída, simplesmente, por nome e símbolo, que, sozinhos, representavam produtos e serviços. Assim, Kibon = nome de um sorvete; Fusca = carro mais vendido do país; Leite de Rosas = hidratante preferido das mulheres.

Hoje em dia, a fragmentação do mercado de massa criou múltiplos contextos e situações de consumo que tornaram necessárias modificações de identidade de marca. Consumidores mais velhos, por exemplo, procuram, em um automóvel Honda Civic, atributos distintos daqueles que jovens procuram em um Honda Civic SI. Uma ferramenta para ajudar a gestão de marcas em um ambiente complexo, de alta competitividade, é não considerar as marcas de uma empresa como ativos isolados, mas como componentes de um sistema de marcas em que estas se apoiam mutuamente.

Arquitetura de marcas

Marcas dentro de um mesmo sistema, usualmente, estruturam-se dentro de uma hierarquia. Uma arquitetura de marca se refere à hierarquia de uma marca dentro da mesma organização e tem o objetivo de ajudar os consumidores a entender melhor os produtos e serviços de uma empresa e organizá-los em sua mente.

A arquitetura de marca não está relacionada à força ou à participação de mercado de uma marca, mas, sim, ao *modo* como as marcas devem ser combinadas ou, muitas vezes, separadas, para garantir o máximo impacto perante o mercado consumidor e, dessa forma, maximizar o retorno financeiro para a empresa. Tal qual a arquitetura de uma construção harmoniza todos os ambientes, a arquitetura de marca contribui para transformar os diversos segmentos de um negócio em uma solução de forte apelo mercadológico.

A arquitetura de marca define, dentro de uma mesma família, como uma marca se relaciona com outra e como todas elas se articulam para funcionar juntas. Essa arquitetura também vai definir quais nomes e logotipos devem ser utilizados em cada um dos produtos que compõem o portfólio e qual o grau de extensão de sua amplitude e profundidade.

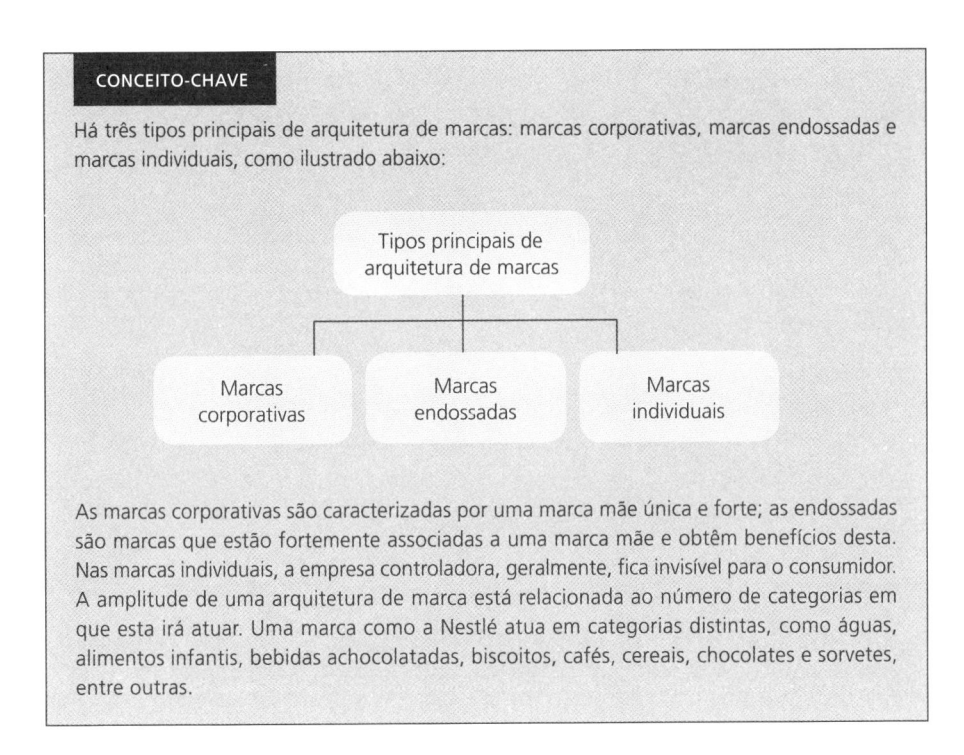

> **CONCEITO-CHAVE**
>
> Há três tipos principais de arquitetura de marcas: marcas corporativas, marcas endossadas e marcas individuais, como ilustrado abaixo:
>
> ```
>                 Tipos principais de
>                 arquitetura de marcas
>          ┌─────────────┼─────────────┐
>       Marcas        Marcas         Marcas
>    corporativas   endossadas     individuais
> ```
>
> As marcas corporativas são caracterizadas por uma marca mãe única e forte; as endossadas são marcas que estão fortemente associadas a uma marca mãe e obtêm benefícios desta. Nas marcas individuais, a empresa controladora, geralmente, fica invisível para o consumidor. A amplitude de uma arquitetura de marca está relacionada ao número de categorias em que esta irá atuar. Uma marca como a Nestlé atua em categorias distintas, como águas, alimentos infantis, bebidas achocolatadas, biscoitos, cafés, cereais, chocolates e sorvetes, entre outras.

Uma empresa deve analisar a entrada em uma nova categoria com base em fatores como o número de concorrentes e a ameaça de novos concorrentes, o poder de barganha dos compradores, as margens de contribuição da categoria e o advento de produtos substitutos. A Nestlé ampliou a marca Moça da categoria de leite condensado para a categoria de cereal matinal porque percebeu que havia clientes potenciais não atendidos nessa categoria.

A figura 3 exemplifica os três tipos principais de arquitetura de marcas.

FIGURA 3
ARQUITETURA DE MARCAS

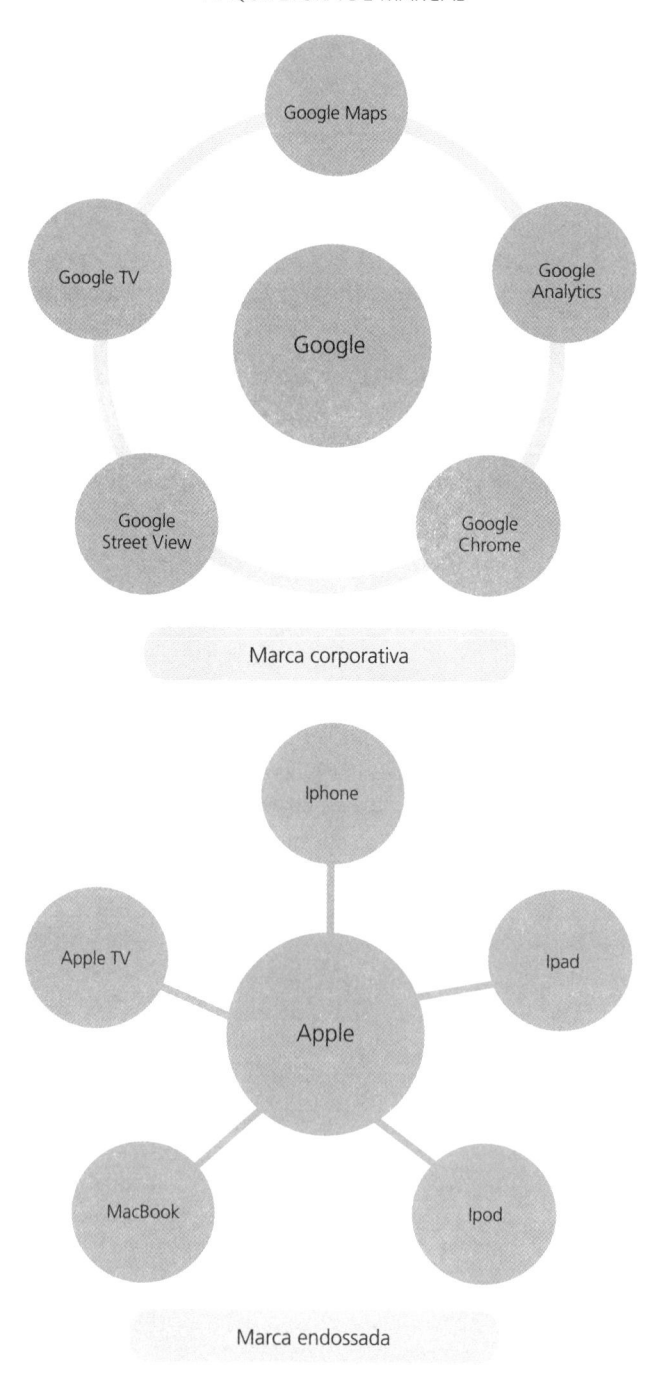

- Google Maps
- Google TV
- Google Analytics
- Google
- Google Street View
- Google Chrome

Marca corporativa

- Iphone
- Apple TV
- Ipad
- Apple
- MacBook
- Ipod

Marca endossada

```
              Gilette
                 ⋮
   Scope ···· Procter & ···· Ace
              Gamble
                 ⋮
              Tampax
```

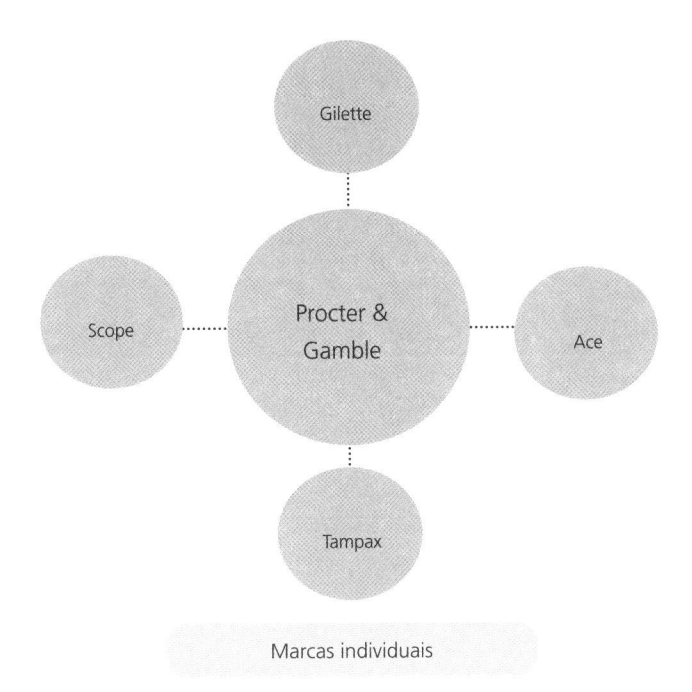

Marcas individuais

A profundidade de uma arquitetura de marcas está relacionada ao número de marcas dentro da mesma categoria. Dentro da categoria de detergente em pó, a Unilever, por exemplo, tem, em seu portfólio, as marcas Omo, Ala e Brilhante. A razão principal para uma empresa atuar com marcas múltiplas dentro de uma mesma categoria é a de atingir distintos segmentos de mercado e, dessa forma, aumentar sua própria cobertura. Tais segmentos podem ser definidos com base em necessidades distintas do consumidor.

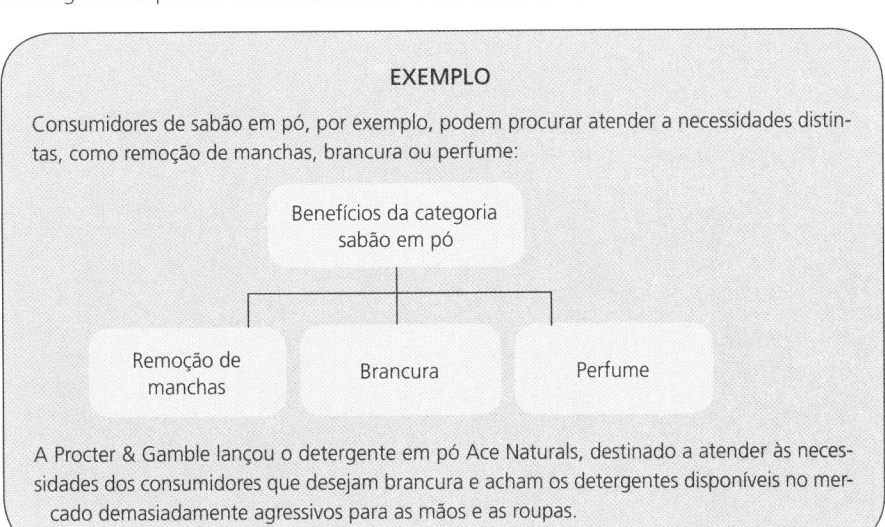

EXEMPLO

Consumidores de sabão em pó, por exemplo, podem procurar atender a necessidades distintas, como remoção de manchas, brancura ou perfume:

```
        Benefícios da categoria
              sabão em pó
        ┌─────────┼─────────┐
   Remoção de   Brancura   Perfume
    manchas
```

A Procter & Gamble lançou o detergente em pó Ace Naturals, destinado a atender às necessidades dos consumidores que desejam brancura e acham os detergentes disponíveis no mercado demasiadamente agressivos para as mãos e as roupas.

No quadro 4, descreve-se a a arquitetura de marcas da multinacional francesa de bebidas alcoólicas Pernod Ricard. Para cada segmento dentro da categoria de uísques, a empresa trabalha com uma marca diferente e, em alguns casos, trabalha até com mais de uma marca. No caso de uísques engarrafados, uma das marcas é líder regional no Nordeste e no Rio de Janeiro (Teacher's); outra é líder regional em São Paulo e no Sul (Passport).

QUADRO 4
ARQUITETURA DE MARCAS DE UÍSQUE DA PERNOD RICARD

Segmento	Marcas Competidoras	Marcas Pernod Ricard
Nacional (admix)	Old Eight, Drury's	Natu Nobilis
Engarrafado	Bell's	Teacher's, Passport
Standard	Johnnie Walker Red Label, White Horse, J&B, Jack Daniel's	Ballantine's
Aged	Johnnie Walker Black Label	Ballantine's 12 anos, Chivas
Premium	Johnnie Walker Blue Label	Chivas 18 anos, Ballantine's 17 anos
Deluxe	Johnnie Walker Gold Label	Royal Salute

A sobreposição de múltiplas marcas em mercados semelhantes, contudo, deve ser evitada ou gerenciada com muita cautela. Alguns analistas, por exemplo, questionam a InBev por considerarem que seu portfólio de cerveja tem um número excessivo de marcas que disputam os mesmos segmentos de mercado. Ainda segundo esses analistas, os investimentos milionários da InBev em campanhas publicitárias seriam inconsistentes por não trazerem novos consumidores para a empresa, apenas preservando os antigos, que flutuariam de uma marca para outra e manteriam os percentuais de participação de mercado da empresa constantes.

Marcas corporativas, individuais e de endosso

A credibilidade de uma promessa de marca resulta da persistência e da consistência dos investimentos em comunicação. No mercado consumidor contemporâneo, superexposto à informação e às múltiplas ofertas de produtos e canais de distribuição, o desenvolvimento de marcas corporativas dá clareza à oferta de produtos e facilita a tomada de decisão do consumidor, que não necessita fazer uma escolha centrada nos atributos do produto, pois é suficiente para ele a promessa da marca corporativa.

Nos últimos 20 anos, marcas corporativas ganharam apelo, principalmente entre bens duráveis na área de tecnologia, porque as empresas perceberam a possibilidade de otimizar investimentos em mídia já que não necessitavam criar posicionamentos distintos em seu portfólio para aumentar a visibilidade no ponto de venda, desafio perene de bens de consumo. Clientes de marcas corporativas como Brastemp, Sony, Samsung e LG elegem a marca baseados na fé em uma promessa de marca, e não nos atributos específicos do produto em questão.

A estratégia do uso de marcas corporativas também poderá ser considerada quando empresas ainda estão se estruturando e têm orçamentos de marketing modestos. Essa alternativa elimina a necessidade de criar e gerenciar múltiplas marcas. Marcas corporativas, contudo, devem alinhar-se em torno de uma promessa e de uma identidade de marca únicas. Uma marca corporativa cuja promessa é estilo e design inovador não pode ter produtos destinados a segmentos populares.

Dentro da arquitetura de marcas individuais, marcas de família são aquelas utilizadas em mais de uma categoria de produto. A família Dove (Unilever), por exemplo, inclui sabonete, xampu, condicionador, desodorante e loção autobronzeadora, entre outros produtos. A família Molico (Nestlé) envolve uma vasta gama de produtos lácteos, como iogurtes de polpa, iogurte naturais, iogurtes para beber, leite em pó, leite líquido e sorvetes.

> **COMENTÁRIO**
>
> Tanto as marcas de família como as marcas corporativas são chamadas por alguns autores de marcas guarda-chuva – *umbrella brands* – por serem utilizadas em categorias distintas de produtos.

A estratégia de utilizar marcas de família é adotada à medida que o número de produtos vai aumentando e a empresa necessita comunicar benefícios, atributos e atitudes diferentes. Assim, quando ela utiliza uma marca de família já existente para identificar e lançar um novo produto no mercado, os custos de introdução na rede de distribuição são menores e a probabilidade de aceitação, mais alta. Deve-se, todavia, ter em mente que o fracasso de uma marca individual da família ou mesmo um acidente podem vir a impactar o resultado e o desempenho da família como um todo.

As marcas de endosso têm identidade própria, porém são introduzidas no mercado com o endosso da marca corporativa. O Post-it, a fita Durex e a esponja Scotch-Brite têm o endosso da marca 3M. Nesse tipo de arquitetura de marca, a ênfase é no produto que está sendo comprado, mas a marca corporativa adiciona credibilidade a ele. Essa estratégia deve ser utilizada quando há recursos e equipe suficientes para se construir um grande número de marcas, uma para a empresa/corporação e uma para cada produto. Muitos empreendedores utilizam essa alternativa para valorizar uma marca e depois vendê-la com alta lucratividade.

Marcas individuais são introduzidas e comercializadas no mercado inteiramente descoladas das corporações proprietárias, que, em geral, não aparecem nos rótulos e nas embalagens dos produtos. A empresa Hypermarcas, por exemplo, comercializa marcas como Pompom, Assolan, Denorex, Finn, Monange, Olla e Supra Sumo. A Kraft Foods fabrica e distribui marcas como Lacta, Bis, Diamante Negro, Club Social, Halls, Trident, Pó Royal e Philadelphia Cream Cheese. Esse tipo de estratégia de gestão de marcas é o mais custoso, pois é preciso construir marcas individualmente fortes sob a tutela de uma marca corporativa forte, que possa atrair talentos e investidores. Por outro lado, já que a empresa tem autonomia para criar nome, logotipo, embalagem, programa de comunicação e estratégias de posicionamento de preço e distribuição, também consegue elaborar um composto de marketing específico para um determinado público-alvo.

A maioria dos lançamentos de produtos e serviços nas mais diversas categorias não se transforma em casos de sucesso. Alguns deles, mesmo com margens de contribuição positivas, que sustentam os investimentos nas marcas, acabam por não alcançar participação de mercado expressiva. Por outro lado, constata-se que grande parte das marcas que conseguem ter sucesso, fidelizar consumidores e conquistar participações consistentes de mercado compartilham algumas decisões estratégicas. Ter um nome forte, que sustenta a marca, alavanca seu lançamento e impulsiona sua penetração no mercado talvez seja a característica mais comum entre produtos de sucesso.

Leia o texto a seguir:

QUADRO 5
MARCAS PRÓPRIAS

O aumento da competitividade no ambiente de negócios e a concentração de cadeia varejistas por meio de fusões e aquisições levaram o setor supermercadista a lançar vários produtos com marcas próprias. O Carrefour, por exemplo, comercializa cerca de 900 itens somente na *categoria alimentos*; até mesmo *bicicletas Carrefour* são vendidas. A rede de drogarias Farmais comercializa mais de 30 produtos em 50 embalagens diferentes. O atacadista Makro tem 800 produtos de marca própria em suas prateleiras. O principal objetivo dessa estratégia é o aumento da vantagem competitiva perante a concorrência, pela oferta de produtos a preços mais baixos, e o aumento da lealdade dos clientes às lojas. A desvantagem das marcas próprias é estender o nome da rede por meio de categorias tão distintas como sabão em pó, toalhas de papel, refrigerantes e biscoitos, o que pode canibalizar a imagem do varejista. A maioria dos consumidores simplesmente não acredita que uma mesma rede possa fornecer qualidade acima da média em uma variedade tão ampla de produtos. Esses consumidores acabam por preferir o endosso de uma marca nacional ou regional, que construiu sua identidade própria e cujos benefícios eles conseguem identificar.

Capítulo 2

Identidade de marca e *brand equity*

Neste capítulo, serão discutidos conceitos relativos à construção de identidade, à atribuição de valor às marcas e ao modo como a lembrança de marcas fortes auxilia a tomada de decisão de compra pelo consumidor. Na sequência, será apresentado um modelo para construção, gerenciamento e entendimento da força de uma marca.

Identidade, personalidade e promessa de marca

Criar uma identidade de marca é decidir como se deseja que a marca seja vista pelos consumidores. A identidade de marca combina uma série de elementos como *nome, logo, promessa ou essência e personalidade e seu valor*. A identidade de marca *forte*, em geral, é baseada em elementos – como *nome, logotipo, símbolo e embalagem* – que conseguem diferenciá-la, de maneira efetiva, de outras marcas da mesma categoria.

> A Coca-Cola, marca mais valiosa do mundo, tem como identidade de marca sua embalagem vermelha, a logomarca com suas letras inconfundíveis, o formato da garrafa e seu nome. Retirar qualquer um desses elementos deixaria a marca diminuída.

Alguns elementos que compõem a identidade de marca – como *símbolo*, *logotipo*, *personagem*, *slogan*, *jingle*, *embalagem* e *rótulo* – podem até sofrer alterações ao longo do ciclo de vida do produto, mas o nome e a promessa tendem a permanecer sempre os mesmos.

A forma escrita é tão importante quanto o nome da marca, pois a tipologia afeta diretamente a percepção dos consumidores. Um *logotipo* é a representação gráfica em estilo, com o uso de letras; um *símbolo* é a imagem associada a um logotipo, como os arcos dourados do McDonald's ou o *swoosh* da Nike. A combinação de um símbolo com um logotipo é definida como *logomarca*.

EXEMPLO

O nome de uma marca pode ser um nome próprio – Café Pelé –, o nome de um lugar – Água Caxambu –, o nome de um animal – Conexões Tigre –, o nome de coisas ou objetos – NET –, um significado genérico – Supermarket ou Maionegg's –, uma abreviatura – TAM – ou um nome que sugira um atributo do produto – detergente Limpol.

Escolher o nome de uma marca é, talvez, o momento mais desafiante e criativo da gestão de produtos e marcas. Necessita-se de um nome que, além de ter um registro disponível e legal, seja apropriado, espirituoso, apelativo e duradouro. A definição da identidade da marca é um aspecto-chave de alta relevância no processo de construção de marcas; como tal, impacta, sobremodo, o fortalecimento destas.

Algumas características de um nome impulsionam o desenvolvimento de uma marca. Assim, o nome deve ser único e de fácil memorização; conduzir a uma associação com a identidade de marca; ser consistente com a promessa que a marca faz; ser proprietário, isto é, abrir a possibilidade de se tornar um ativo que possa ser explorado, por meio de licenciamento e posicionamento de preços *premium*, ou, até mesmo, vendido.

EXEMPLO

O nome de uma marca deve estar associado à promessa/essência dessa marca. Algumas marcas simplesmente agregam a promessa ao próprio nome, como pilhas Duracell, absorventes Sempre Livre, Seda xampu, isotônicos Powerade ou barras de cereais Nutri. Outras marcas conseguem implicar, indiretamente, sua promessa somente ao escolher, de forma acertada, um nome consistente com os benefícios que a marca promete entregar: Victoria's Secret remete a romantismo e estilo para roupa íntima feminina; Red Bull remete à energia e vitalidade para uma bebida não alcoólica; Habib's remete à origem árabe para uma cadeia de *fast food*; Havaianas, conforto e versatilidade para uma sandália de praia. As associações de imagem da marca são formadas, diretamente, a partir de experiências e contatos com a marca, ou, indiretamente, a partir de propaganda ou de comunicação boca a boca.

Uma armadilha comum aos gestores de produtos e marcas, quando criam identidades de marca, é focar somente os atributos do produto e deixar de considerar os benefícios da expressão emocional, as características organizacionais e a personalidade da marca.

Equação de valor percebido e seus desdobramentos

Associada à promessa da marca, a equação de valor percebido também faz parte da identidade dessa marca. O valor percebido pelos consumidores (VPC) é uma relação entre os benefícios recebidos (BRC) e os custos para o consumidor (CC):

$$VPC = BRC - CC$$

A transação de compra acontece quando o VPC é positivo, ou seja, quando a utilidade que o produto terá para o consumidor supera o custo monetário desse produto.

> **COMENTÁRIO**
>
> Muitas vezes, o consumidor paga bem mais por uma caneta Montblanc do que pagaria, por exemplo, por uma caneta BIC, porque ele não está interessado somente em poder escrever; ele também quer *status*, aparentar sofisticação. A utilidade da caneta não é apenas escrever; pôr a caneta no bolso da camisa com a marca Montblanc visível, durante a assinatura de um novo contrato, por exemplo, demonstra poder e impõe distância dos demais.

O BRC está relacionado à qualidade do produto e à promessa da marca. Esta, por sua vez, deve, sobretudo, ser crível, pois há algumas marcas que anunciam benefícios difíceis de conseguir; portanto, é difícil levá-las a sério. Acrescente-se que o BRC também está relacionado à relevância do produto para cada tipo de consumidor.

> **EXEMPLO**
>
> Por exemplo, um suplemento dietético que prometa não deixar o indivíduo engordar para o resto da vida ou uma pilha alcalina que prometa energia ininterrupta ao longo de um mês não são promessas de marca acertadas porque o VPC é "positivo demais" e o consumidor desconfia. Nesse caso, vale lembrar o dito popular: "quando a esmola é grande, o santo desconfia". Quanto à relevância do produto, a promessa de 24 horas de proteção do desodorante Rexona, por exemplo, é relevante para indivíduos que passam muitas horas fora de casa, para viajantes frequentes e para aqueles que sofrem de sudorese excessiva.

No cenário de comunicação fragmentada da atualidade, quando marcas novas são lançadas com pequenos intervalos entre si, ter uma promessa de marca relevante não é suficiente; as promessas necessitam, sobretudo, ser distintas. O desodorante Vichy, ao oferecer sete dias de proteção, foca um público-alvo específico, os indivíduos com pele ultrassensível, que estão dispostos a pagar um valor muito acima do preço do resto da categoria para que não tenham necessidade de fazer aplicação regular desse tipo de produto.

A definição do diferencial em relação à concorrência é vital para a equação de valor percebido. A diferença pode não só relacionar-se a aspectos funcionais ou de desempenho – como o tempo de proteção do desodorante –, como também estar associada a aspectos emocionais – como a imagem. A promessa do desodorante Axe é direcionada ao homem moderno, que deseja ser admirado pelas mulheres.

A clareza e a coerência da comunicação também auxiliam o consumidor a chegar facilmente ao resultado da equação de valor percebido. Dessa forma, toda campanha de comunicação deve ser integrada e transmitir, de forma inequívoca ao público-alvo, o benefício do produto. Uma comunicação que foca somente um benefício ajuda o consumidor a identificar, objetivamente, de que maneira sua necessidade será atendida.

A coerência com a história da marca também credencia a equação de valor. Expostos a marcas hipotéticas, como creme dental Garoto ou bombons Petrobras, por exemplo, os consumidores, muito provavelmente, não acreditariam nas promessas desses produtos.

> **CONCEITO-CHAVE**
>
> O custo para o consumidor (CC), que é a última variável a ser detalhada na equação de valor percebido, está diretamente relacionado à margem de contribuição que se encontra dentro do portfólio de produtos da empresa. Os CCs são determinados por encargos monetários, preço de varejo, despesas logísticas, impostos de vendas e custos não monetários, como o tempo, o esforço e o risco associados à compra.

O componente que causa maior impacto no CC costuma ser o preço de varejo. Os gestores de produtos e marcas, ao decidirem seu posicionamento de preço, estão realizando a única atividade do marketing mix em que, efetivamente, se agrega valor. Os demais P's – distribuição, promoções e produto – são investimentos relacionados à entrega de valor.

Preços não podem ser posicionados sem uma análise da categoria do produto que identifique os competidores e o preço que praticam. Caso se entregue um benefício superior ao oferecido pela concorrência, pode-se cobrar um preço superior ao cobrado por esta. Se, por outro lado, o benefício for similar, a opção pode ser oferecer um preço inferior ao da concorrência para que a equação de valor seja vencedora.

Uma análise de *profit pools* permite perceber onde estão concentradas as maiores oportunidades de lucro.

TABELA 1
PROFIT POOL

Posicionamento de preço (R$)	Unidades / marca			Profit Pool (R$)
3,00	20.000	5.000	10.000	105.000
5,00	30.000	10.000	25.000	325.000
7,00	40.000			280.000

Na tabela 1, são mostradas as vendas unitárias e o faturamento por *profit pool* de um cenário hipotético na categoria de alimentos. Nessa categoria, existem três *posicionamentos de preços* distintos; cada um deles concorre com um número diferente de marcas: três marcas estão concorrendo por R$ 3; outras três concorrem por R$ 5 e a última está no posicionamento de preço de R$ 7. Os maiores *profit pools* estão nos *posicionamentos de preços* mais altos, de forma que um posicionamento de preço válido, por exemplo, estaria em um desses segmentos, ou mesmo em um posicionamento de preço intermediário, como o de R$ 6.

Ressalte-se que as estratégias de posicionamento de preço devem ser concebidas à luz de intensa análise da concorrência e do mercado. O exemplo que acaba de ser analisado serve apenas para ilustrar que o gestor precisa observar, atentamente, em quais segmentos de preços estão concentrados os maiores lucros e, dessa forma, maximizar a participação de mercado da empresa.

> **PROFIT POOLS**
>
> Total de lucro aferido ao longo de toda cadeia de valor de uma determinada categoria ou de um determinado posicionamento de preço dentro da categoria.

Existe uma estratégia de precificação de produtos chamada *skimming* (desnatação), na qual um determinado produto é lançado com preço mais alto e depois, quando a marca fica fortalecida, se posiciona em um patamar mais baixo. É o caso de vários produtos da área de tecnologia – microprocessador, *notebook*, televisão de plasma, entre outros. A estratégia de *skimming* se opõe à estratégia de penetração, na qual o produto vai tendo o preço aumentado ao longo do seu ciclo de vida.

O consumidor realiza a compra quando o VPC é positivo e a resposta à pergunta "por que hei de comprar essa marca" está clara, isto é, quando o mix de benefícios sobre os quais a marca está posicionada é evidente. Segundo Kotler e Amstrong (2007), existem somente esses posicionamentos possíveis de valor: "mais por mais", "mais pelo mesmo", "o mesmo por menos", "menos por muito menos" e "mais por menos". Cada um desses tipos de posicionamento atinge um público-alvo distinto.

> **EXEMPLO**
>
> O posicionamento "mais por mais" significa que o produto tem melhor qualidade e preço mais alto do que os dos concorrentes. Relógios Rolex têm esse posicionamento. Contudo, há empresas que visam a um público-alvo que abre mão de conforto e de certas regalias em prol de preços mais baixos. É o caso do supermercado Mundial, no Rio de Janeiro, que, em troca de lojas menores, menor variedade de produtos e menos opções de pagamento, pratica um preço abaixo do da concorrência regional.
>
> O posicionamento "mais por menos" é o melhor em termos de competitividade, porém é muito difícil de aplicar, já que são necessários recursos financeiros vultosos e forte poder de negociação com os fornecedores. É também o posicionamento de valor da rede de supermercados WalMart, que oferece produtos líderes de mercado por preços mais baixos do que os da concorrência.

Brand equity

Força da marca

Brand equity é um conceito que surgiu na área de administração no final da década de 1970, para auxiliar a quantificação do valor patrimonial de marcas nos processos de fusão de grandes conglomerados. No sentido prático, representa a parcela do valor patrimonial atribuído apenas à marca, resultante do somatório de todos os investimentos em *branding* anteriores. Do ponto de vista do consumidor, o *brand equity* é baseado em sua percepção positiva e nas consequências favoráveis ao uso do produto. A força de um *brand equity* se mede por sua capacidade de gerar retorno no futuro.

No caso de fusões e aquisições que envolvem marcas com grande *brand equity*, o valor da marca em si, em geral, é o ativo de maior valor na transação, tanto que supera instalações, ativos financeiros, recursos humanos e estoques. O valor da marca forte se desdobra em contrapartidas financeiras com resultado quase que imediato, o que inclui maiores margens de contribuição, uma possibilidade de precificação *premium* e reduzida ameaça da parte de competidores.

> **PRECIFICAÇÃO *PREMIUM***
>
> Fixação, pelo fabricante, do preço de um determinado produto de seu portfólio maior do que o preço de produtos similares na mesma categoria.

As estratégias da gestão de marcas visam fortalecer o *brand equity*, que se estabiliza quando o consumidor passa a ter familiaridade com a marca, conhecê-la melhor e associá-la a situações positivas.

Veja o quadro a seguir:

QUADRO 6
AS 25 MARCAS BRASILEIRAS MAIS VALIOSAS (2013)

Posição	Marca	Setor	Valor em R$ milhões
1	Itaú	Financeiro	19.329
2	Bradesco	Financeiro	14.085
3	Banco do Brasil	Financeiro	11.839
4	Skol	Alimentos e bebidas	9.399
5	Petrobras	Energia	8.736
6	Natura	Cosméticos	7.455
7	Brahma	Alimentos e bebidas	7.201
8	Antarctica	Alimentos e bebidas	3.134
9	Vivo	Telecom	2.632
10	BTG Pactual	Financeiro	1.924
11	Cielo	Financeiro	1.172
12	Casas Bahia	Varejo	993
13	Renner	Varejo	842
14	Lojas Americanas	Varejo	757
15	Caixa Econômica Federal	Financeiro	702
16	Oi	Telecom	699
17	Extra	Varejo	621
18	Hering	Têxtil	616
19	Ipiranga	Energia	607
20	Porto Seguro	Seguros	475

Posição	Marca	Setor	Valor em R$ milhões
21	Totvs	Informática	382
22	Havaianas	Calçados	375
23	Pão de Açúcar	Varejo	347
24	Ponto Frio	Varejo	346
25	Arezzo	Calçados	294

Fonte: Marcas brasileiras mais valiosas 2013 – Interbrand.

Lembrança da marca

Outro conceito que interage com a força da marca é a lembrança desta, a chamada *brand awareness*, que está relacionada ao desempenho do reconhecimento e à lembrança espontânea da marca pelo consumidor.

> **BRAND AWARENESS**
>
> Medida da efetividade do marketing avaliado pela habilidade do consumidor reconhecer ou recordar um nome, imagem ou outra marca associada com uma marca particular.
> Um exemplo de *brand awareness* é o M do McDonald's, reconhecido em qualquer parte do mundo. Esse termo mercadológico também é conhecido como reconhecimento da marca.
>
> **DESEMPENHO DO RECONHECIMENTO**
>
> **LEMBRANÇA ESPONTÂNEA**
>
> Quando o consumidor se lembra de uma marca apenas pela citação da categoria à qual ela pertence. Por exemplo: Quais marcas se sorvete você conhece? Kibon, Yopa, Freddo.

O reconhecimento de marca é a capacidade de se confirmar a exposição prévia da marca quando esta é apresentada. Ele pressupõe um elo entre a categoria de produtos e a marca, e admite que esta pode ser mais forte em uma categoria e mais fraca em outra.

> **EXEMPLO**
>
> A marca Samsung, por exemplo, pode ser muito reconhecida na categoria *televisores* e menos reconhecida na categoria *micro-ondas*.

O reconhecimento da marca é medido através de pesquisas e necessita de uma confirmação explícita pelo consumidor quando a marca lhe é mostrada. O consumidor precisa, portanto, discriminá-la como uma marca que ele já viu ou de que ouviu falar anteriormente. A lembrança espontânea da marca está relacionada à capacidade dos consumidores de evocá-la ao ser sugerida uma determinada categoria de produto, o que inclui a lembrança de uma necessidade atendida, uma situação de compra ou de utilização de um produto.

> **EXEMPLO**
>
> A lembrança da marca TAM, por exemplo, está associada à capacidade dos consumidores de reproduzi-la (TAM) na imaginação quando são expostos à categoria de serviços *companhia aérea* ou quando lhes é perguntado sobre o transporte que eles utilizam para viajar durante as férias. Assim como todo o repertório de informações armazenadas na memória, é bem mais fácil reconhecer uma marca quando esta é apresentada intencionalmente do que evocá-la sem estímulo algum.

Dependendo da categoria de produtos ou serviços e do local onde as decisões de compra são realizadas, a necessidade de se ter uma lembrança de marca forte ganha importância. As decisões de compra de produtos de consumo vendidos no varejo são tomadas no ponto de venda; portanto, somente o reconhecimento da marca é suficiente, pois todos os produtos estarão expostos. Contudo, se o produto de consumo estiver sendo vendido via *e-commerce* e não estiver exposto na prateleira virtual, é muito importante que o consumidor evoque a marca. Devido a isso, ter uma lembrança de marca forte é essencial para serviços e produtos com vendas *online*. Na sequência, a figura 4, para análise.

FIGURA 4
PIRÂMIDE DE RECONHECIMENTO DE MARCA

```
            /\
           /  \
          / Top \
         / of mind\
        /----------\
       / Lembrança  \
      /  da marca    \
     /----------------\
    /  Reconhecimento  \
   /     da marca       \
  /----------------------\
 /   Desconhecimento      \
/       da marca            \
------------------------------
```

O processo de conhecimento da marca envolve três estágios: o inicial é aquele em que o consumidor é capaz de reconhecer uma marca como pertencente à categoria de produtos – o estágio de reconhecimento da marca. O estágio posterior é a lembrança espontânea da marca como pertencente a determinada categoria de produtos – o estágio de lembrança da marca; finalmente, a posição desejada por toda marca é alcançar o último estágio – o de *top of mind*. Ser uma marca *top of mind* significa ser a primeira marca da qual o consumidor se lembra quando pensa na categoria de produtos.

> **EXEMPLO**
>
> - O consumidor, por exemplo, reconhece a marca Yamaha como uma marca de motocicletas.
> - O consumidor lista a marca Agrale entre as marcas de motocicletas que ele conhece.
> - Um pesquisador aborda um consumidor e pergunta: "Quando você pensa em uma determinada categoria, de que marca se lembra?" Harley Davidson costuma ser a marca mais citada (em primeiro lugar) em pesquisas de marcas de motocicleta nos Estados Unidos. Uma marca *top of mind* permite a prática de preços mais elevados e a conquista de mais espaço no ponto de venda. Institutos de pesquisa como Ibope e Ipsos realizam pesquisas *ad hoc*, sob encomenda, para empresas e gestores de produtos e marcas.

O jornal *Folha de S. Paulo* divulga, anualmente, sua pesquisa Top of Mind. Nessa pesquisa, feita com mais de cinco mil pessoas, em mais de 160 cidades brasileiras, são investigadas diversas categorias nos setores de alimentação, eletroeletrônicos, higiene, transporte e finanças. As mais citadas são as marcas *top of mind*, relacionadas no quadro 7.

> **AD HOC**
>
> Expressão latina cuja tradução literal é "para isto" ou "para esta finalidade". É empregada, sobretudo, em contexto jurídico, também no sentido de para um fim específico.

QUADRO 7

MARCAS *TOP OF MIND* POR CATEGORIA DE PRODUTOS

Categorias especiais	Categorias 2013
TOP DO TOP Omo, Coca-Cola, Nike, Nestlé e Samsung	ALIMENTAÇÃO Ninho, Parmalat, Itambé, Kibon, Friboi, Qualy, Hellmann's, Zero-Cal e Sadia
TOP REGIÃO Primor, Casas Bahia, Renner e Vivo	BEBIDAS Coca-Cola e Skol
TOP PERFORMANCE Claro e Samsung	COMPRAS Carrefour, Extra, Suvinil, Omo, Tramontina e Casas Bahia
TOP MEIO AMBIENTE Natura e Ypê	COMUNICAÇÃO Net, Oi, Vivo, Sky e Samsung
TOP COPA DO MUNDO Nike	ELETROELETRÔNICOS Samsung, Brastemp, Consul e LG
TOP OLIMPÍADA Nike e Olympikus	FINANÇAS Banco do Brasil, Visa, Caixa, Bradesco e Unimed
TOP TECNOLOGIA Samsung	HIGIENE E BELEZA Lux, Pampers, Omo, Gilette, Colgate, Koleston e Rexona
TOP MASCULINO Pirelli	TRANSPORTE Volkswagen, Fiat, Petrobras e Pirelli
TOP FEMININO Pampers	VIAGENS Tam e CVC

Fonte: Pesquisa *Top of mind*. *Folha de S.Paulo*, 2013.

Veja, na figura 5, a evolução do índice de lembrança da marca Skol ao longo dos últimos anos.

FIGURA 5
ÍNDICES DE LEMBRANÇA DE MARCAS

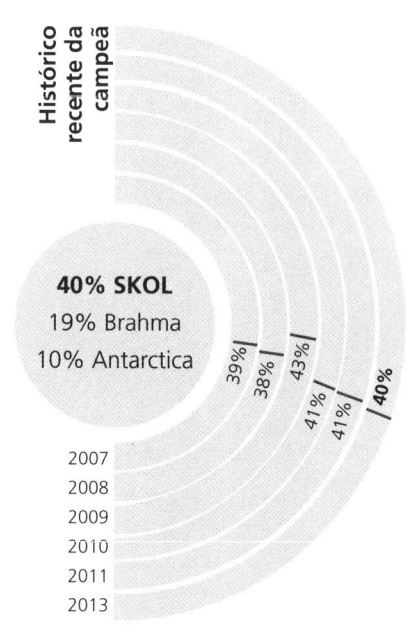

Histórico recente da campeã

40% SKOL
19% Brahma
10% Antarctica

39% | 38% | 43% | 41% | 41% | 40%

2007
2008
2009
2010
2011
2013

Um aumento no índice de lembrança de marca significa um aumento da probabilidade de essa marca fazer parte do grupo de consideração, isto é, do repertório de marcas consideradas para compra. Os padrões médios de consumo da maioria das categorias, no Brasil, demonstram que, raramente, se é fiel a apenas uma marca. Existe um conjunto de marcas que o consumidor considera comprar e outro conjunto menor que, efetivamente, ele compra com regularidade.

A lembrança da marca é criada por meio da familiaridade e é resultante de exposição repetida. Quanto mais o consumidor vê, ouve e experimenta a marca, maior será a probabilidade de ela ficar registrada em sua memória. Qualquer ação de marketing que exponha um dos elementos da marca – nome, símbolo, *jingle*, embalagem – é um instrumento de aumento potencial de familiaridade e lembrança dessa marca. Propaganda, promoção em pontos de venda, patrocínio de eventos, assessoria de imprensa e relações públicas são ferramentas utilizadas com esse objetivo.

Slogans, *jingles* e personagens que conseguem combinar de forma criativa a marca, a categoria do produto e o benefício esperado ajudam o consumidor a se lembrar da marca. *Slogans* são frases curtas com informações descritivas e persuasivas sobre a marca. *Slogans* como "Põe na Consul", "O primeiro sutiã a gente nunca esquece" e "Não se esqueça da minha Caloi" fizeram história na propaganda brasileira simplesmente porque não só cumpriram o papel de ajudar o consumidor na lembrança da marca, mas também conseguiram eternizá-la na mente da população exposta à campanha na época.

Personagens, animados ou reais, que ajudam a endossar o produto e passam a fazer parte do cotidiano de quem faz uso dele também reforçam a comunicação da marca e auxiliam em sua lembrança. Assim, o "bonequinho da Michelin", o "elefantinho da Turma da Mônica" e o "tigre da Esso", por exemplo, ajudam a evocar a marca quando o consumidor tem de fazer uma escolha.

Uma embalagem diferenciada também auxilia, sobremaneira, o consumidor a se lembrar da marca, além de informar a ele a categoria do produto, seu nome e seu benefício de uma só vez. Para conseguir comunicar esses três fatores e chamar a atenção do potencial comprador, é preciso fazer uso de distintas formas, tamanhos, cores, mensagens e ilustrações. O desafio sempre é criar a embalagem mais atrativa com o menor custo possível, já que a embalagem faz parte do custeio do produto, e incrementar seu valor implica diminuir a margem de contribuição do produto.

Alguns testes norteiam mudanças em embalagens e evitam lançar uma embalagem que venha a ser rejeitada pela base de consumidores. Há testes em que se montam gôndolas com alternativas de embalagens falsas ainda em desenvolvimento – *mock ups* = maquetes de embalagens – e se filma a reação do consumidor ao analisá-las.

Marcas de sucesso são associadas a benefícios traduzidos e transformados em vendas altas, margens expandidas e maior lucro para o acionista. Os consumidores ou clientes de uma marca preferida concordam em pagar mais para adquiri-la porque têm certeza de que ela não vai desapontá-los e vai continuar oferecendo os benefícios esperados. Aqueles consumidores que se tornam leais a determinada marca podem vir a comprar mais do que o necessário para fazer um estoque de segurança, mesmo sem o impacto de atividades promocionais.

Os varejistas concedem às marcas *top of mind* maior visibilidade dentro da loja porque eles reconhecem que, quanto maior a exposição no ponto de vendas, maiores as vendas e maior o retorno financeiro.

Fabricantes de marcas de sucesso conseguem reter bons colaboradores, diminuir o *turnover* (rotatividade de empregados) e atrair talentos, porque os candidatos acreditam na

> **TURNOVER**
>
> Nível de rotatividade dos funcionários que trabalham em uma determinada empresa.
>
> **EQUITY**
>
> Termo de língua inglesa utilizado para designar o capital ou investimento a ser aportado em determinada sociedade empresarial para a consecução de determinado objeto.

qualidade do ambiente de trabalho, que vem associada aos atributos e aos benefícios da marca.

Programas de marketing que fazem associações favoráveis à marca com base em atributos que lhe são exclusivos conseguem aumentar a lembrança dela e, consequentemente, seu *equity*. Essas associações vão sendo afetadas pelas experiências diretas que o consumidor tem com a marca ao longo de um período, pois ele cria suas próprias crenças nos atributos e nos benefícios dessa marca.

Atributos de marca são elementos descritivos que dão características a um produto ou serviço. *Benefícios de marca* são valores, significados pessoais que cada consumidor relaciona ao produto. Para se criar um *brand equity* baseado no cliente, torna-se importante sempre associar diferenciais exclusivos e significativos ao produto para dar-lhe uma vantagem competitiva que se traduza em motivo para adquiri-lo.

O modelo CBBE

Construção de marcas fortes e pirâmides

A partir da premissa que o poder de uma marca reside na mente dos clientes, Keller e Machado (2006) desenvolvem o modelo CBBE (*customer-based brand equity*) para ser um guia para entendimento, construção e gerenciamento da força de uma marca. Com isso, o grande desafio dos gestores de produtos e marcas passa a ser assegurar aos clientes as experiências corretas com produtos e, assim, criar estruturas corretas de conhecimento de marca.

A construção de marcas fortes é feita por meio de uma sequência de etapas em que cada uma depende do sucesso da anterior: estabelecer uma identificação adequada da marca; criar o significado de marca apropriado; provocar respostas corretas à marca; e criar relacionamentos de marcas apropriados aos clientes.

Cada uma dessas etapas sequenciais responde às perguntas que o consumidor sempre faz em relação às marcas que compõem o seu repertório de consumo: quem é você?; o que você é?; o que penso de você?; que relação eu quero com você?

O modelo de Keller utilizou a forma de uma pirâmide para exemplificar que somente se consegue chegar ao topo (ter um *brand equity* forte e uma marca ressonante) caso se tenham alcançado determinados objetivos com clientes atuais e potenciais.

> **COMENTÁRIO**
> Cada etapa responde a uma pergunta feita pelos consumidores. Caso o consumidor não consiga responder a uma determinada pergunta, a pirâmide não consegue ser construída.

Interpretação das pirâmides

A ressonância da marca – a capacidade de se conseguir manter com o consumidor um vínculo psicológico acentuado – somente acontecerá quando todos os demais blocos da pirâmide forem combinados corretamente. As quatro etapas estão representadas em níveis diferentes e algumas delas são compostas de mais de um bloco, conforme a figura 6.

FIGURA 6
PIRÂMIDE DE CONSTRUÇÃO DE *BRAND EQUITY*

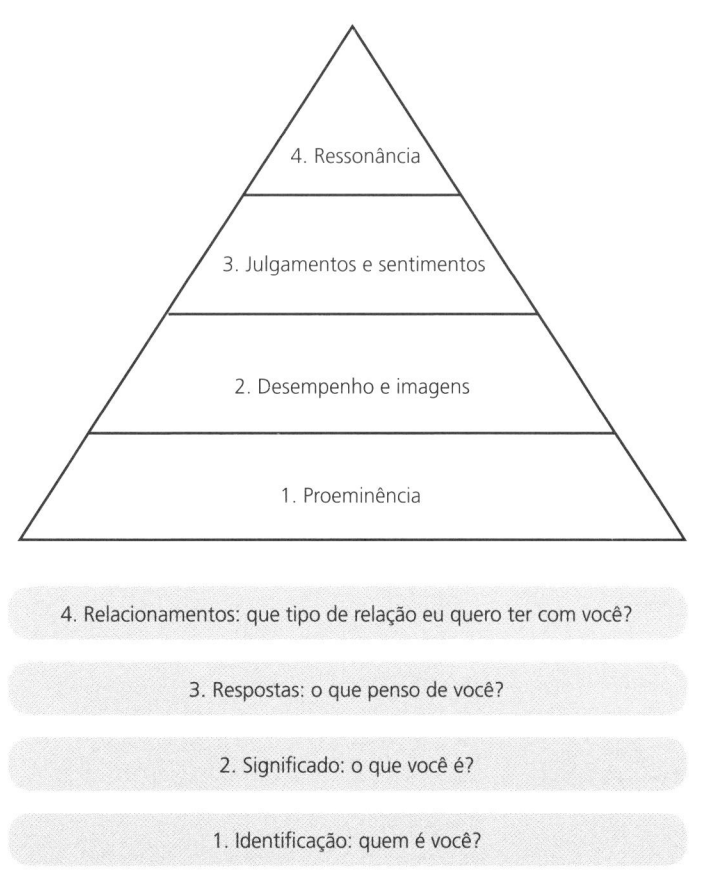

4. Ressonância
3. Julgamentos e sentimentos
2. Desempenho e imagens
1. Proeminência

4. Relacionamentos: que tipo de relação eu quero ter com você?
3. Respostas: o que penso de você?
2. Significado: o que você é?
1. Identificação: quem é você?

Fonte: Adaptado de Keller e Machado (2006).

Na sequência, a figura 7, para análise.

FIGURA 7
SUBDIMENSÕES DOS PILARES DE CONSTRUÇÃO DE *BRAND EQUITY*

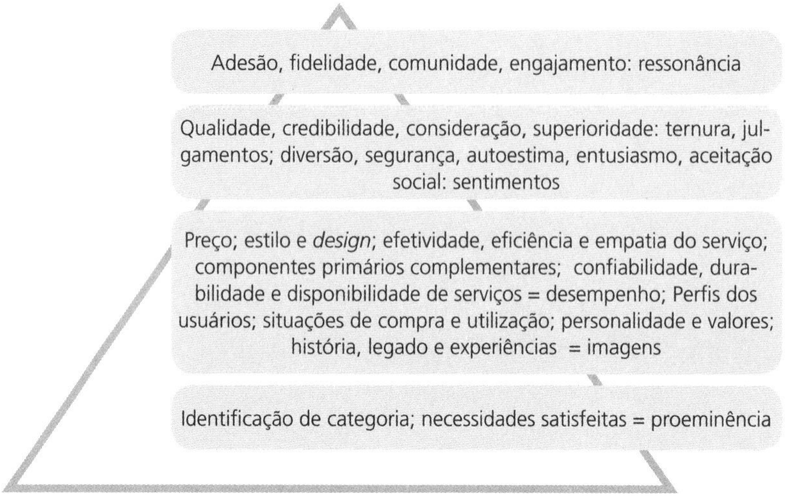

Adesão, fidelidade, comunidade, engajamento: ressonância

Qualidade, credibilidade, consideração, superioridade: ternura, julgamentos; diversão, segurança, autoestima, entusiasmo, aceitação social: sentimentos

Preço; estilo e *design*; efetividade, eficiência e empatia do serviço; componentes primários complementares; confiabilidade, durabilidade e disponibilidade de serviços = desempenho; Perfis dos usuários; situações de compra e utilização; personalidade e valores; história, legado e experiências = imagens

Identificação de categoria; necessidades satisfeitas = proeminência

Fonte: Adaptado de Keller e Machado (2006).

A *proeminência* refere-se à capacidade do consumidor de evocar a marca, reconhecê-la e associá-la a situações diversas. Uma marca proeminente não é apenas uma marca que o consumidor já viu ou da qual se recorda; ele também consegue correlacioná-la – nome, *logo* e símbolo – com a categoria a que ela pertence e discrimina, claramente, as necessidades a que essa categoria atende.

Desenvolver um produto que atenda, satisfatoriamente, às necessidades do consumidor, é fator determinante para o sucesso de uma marca. Para criar fidelidade e fazer a marca se destacar, as experiências com ela devem atender, sempre, às expectativas dos consumidores e, ocasionalmente, superá-las. Saliente-se, ainda, que o *desempenho* de uma marca está relacionado a cinco tipos de atributos: componentes primários e características complementares; confiabilidade, durabilidade e disponibilidade do serviço; efetividade, eficiência e empatia; estilo e *design*; e preço.

O conjunto de *imagens* de uma marca, por sua vez, está relacionado ao modo como as pessoas pensam nela: de forma abstrata, não tangível. Já a identidade de uma marca se refere à forma planejada pelos gestores de produtos e marcas para que ela seja percebida.

A imagem de uma marca é um conjunto de crenças que a representa na mente do consumidor por meio dos sentimentos, das expectativas e dos pensamentos deste; é, ainda, um reflexo da personalidade da marca, cuja natureza, psicológica, é almejada por seus fabricantes e expressa por meio de características humanas. Finalmente, a personalidade de marca menciona aspectos que oferecem ao consumidor mensagens consistentes, duradouras e previsíveis.

> **EXEMPLO**
>
> Uma marca pode, por exemplo, ser caracterizada como agressiva, exótica, antiquada ou audaz. Uma maneira de analisar personalidades de marcas é fazer a pergunta chamada *personificação*, ou seja: se a marca fosse uma pessoa, como esta seria? Aventureira? Tímida? A personalidade da marca Louis Vuitton, por exemplo, é chique e tradicional. Já a marca de roupas femininas Farm é extrovertida, jovial e versátil. Outra maneira de evidenciar personalidades de marca é perguntar: e se a marca fosse um carro? Seria uma Ferrari, um Audi ou uma Pajero? E se fosse uma atriz? Seria Angelina Jolie, Meryl Streep ou Julia Roberts?

Em algumas categorias de produto em que a imagem da marca é um importante fator de decisão de compra – perfumes, bebidas alcoólicas, roupas –, os consumidores procuram e usam marcas cuja personalidade esteja alinhada com o conceito que têm ou que gostariam de ter de si próprios. Dessa forma, os consumidores do energético *Red Bull*, em geral, se veem como inovadores, bem-humorados, inconformados e imprevisíveis. Já os usuários do desodorante Axe gostariam de ser sedutores, individualistas e ousados.

A força de uma marca com a personalidade marcante consiste, exatamente, em haver conseguido marcar pontos de diferença em categorias de produtos cujos atributos – no caso de desodorantes, odor ou durabilidade – são similares entre os componentes dessas categorias.

Julgamentos sobre marca são as opiniões pessoais dos clientes sobre ela. Em relação à criação de uma marca forte, os julgamentos mais importantes são os de qualidade, credibilidade, consideração e superioridade.

Um produto tem *qualidade* quando atende à expectativa do consumidor, por mais tangível ou subjetiva que essa expectativa seja. Já a *credibilidade* de um produto é bem mais subjetiva, pois está relacionada a questões mais amplas referentes à organização que o comercializa. Por esse prisma, os clientes consideram a empresa competente no que faz. O nível de *consideração* está relacionado à probabilidade de os clientes adicionarem a marca ao seu repertório de opções de compra por considerá-la adequada e significativa para si. Finalmente, se os clientes consideram a marca exclusiva e melhor do que as outras, está caracterizada a *superioridade* dessa marca.

Sentimentos sobre a marca são as reações emocionais provocadas, no cliente, por aquela marca. Naturalmente, o mais importante é que as respostas a esses sentimentos sejam positivas. Os sentimentos mais comumente associados a uma marca são os de ternura, diversão, entusiasmo, segurança, aprovação social e autoestima.

A etapa final do modelo de construção de *brand equity* está relacionada à intensidade e à natureza do relacionamento que o consumidor tem com a marca. A *ressonância* se caracteriza pela profundidade desse vínculo psicológico. Existem quatro categorias de ressonância da marca: adesão, fidelidade, comunidade e engajamento. A fidelidade comportamental é representada pelo número de vezes que o cliente compra determinada marca quando compra produtos daquela categoria; por outro lado, se apenas uma marca é acessível, essa "fidelização" não cria ressonância porque não há ligação pessoal entre a marca o consumidor, mas tão somente falta de opção.

O grau de ressonância da marca pode se intensificar a ponto de o grupo de consumidores criar comunidades que se encontram para usufruir suas marcas preferidas e compartilhar experiências com os demais membros daquele grupo. Algumas comunidades transcendem fronteiras internacionais: proprietários de jipes e motocicletas Harley Davidson; fãs do seriado de TV americano Star Trek; colecionadores de brinquedos Lego ou Barbies.

Chega-se ao ponto mais alto de ressonância quando o consumidor de uma marca passa a investir tempo e energia adicionais em sua disseminação por meio de sites de relacionamento, testemunhos nas conversas com amigos ou troca de correspondências com outros consumidores. Esses consumidores fiéis se tornam verdadeiros embaixadores da marca.

Hoje em dia, a rede social é, talvez, a mais poderosa ferramenta de criação de ressonância de marca. Marcas ressoantes inspiram consumidores a postar perfis, experiências de consumo, transmitir opiniões e gerar ideias. Marcas que penetram nessas comunidades online e sintonizam na mesma frequência de seus consumidores conseguem ler, nas entrelinhas dos *posts*, necessidades não satisfeitas e oportunidades de novos mercados. Assim, passam a merecer a confiança do consumidor, bem como sua fidelidade. Segue o quadro 8, para leitura e reflexão.

QUADRO 8

EMBAIXADORES DA MARCA MICROSOFT

A Microsoft reconhece, formalmente, seus embaixadores de marca por meio do Programa Microsoft Most Valuable Professional (MVP). Essa premiação já foi concedida a mais de 4 mil indivíduos em 90 países. Os MVPs são garimpados pela Microsoft entre mais de 100 milhões de usuários de cerca de 90 ferramentas da empresa.

Os MVPs ajudam a capacitar, de forma independente e não remunerada, os clientes nas comunidades técnicas tanto online como offline; além disso, os MVPs representam um canal importante de pesquisa com o consumidor, pois resumem e filtram as necessidades dos usuários de maneira objetiva e fundamentada. Por isso, o *feedback* do usuário é vital para o desenvolvimento de produtos.

A Microsoft tem como objetivos nesse programa identificar, capacitar e fortalecer formadores de opinião, aumentar a satisfação do cliente e sua conexão com este, bem como melhorar a qualidade do atendimento em diversas regiões e idiomas.

Aos MVPs é concedido o direito de não somente exibir sua premiação em sites, *blogs* e cartão de visitas, como também ter acesso imediato a lançamento e *upgrade* de produtos.

Fonte: Adaptado de Most Valuable Professional. Disponível em: <http://mvp.support.microsoft.com>. Acesso em: abr. 2012.

Como se pode observar, o sucesso dos programas de gestão de produtos e marcas é avaliado pelos impactos resultantes do fortalecimento do *brand equity*. No entanto, para manter esse sucesso, é preciso analisar o modo como os consumidores sentem, pensam e agem em relação às marcas. A almejada ressonância de marca reverbera e conquista novos consumidores ao despertar neles reações emocionais positivas e cativantes.

Capítulo 3

Segmentação de mercado, posicionamento e ciclo de vida de produto

Neste capítulo, a segmentação de mercado será apresentada como uma ferramenta importante no processo de desenvolvimento de marcas e construção de *brand equity*. Em seguida, será discutida a importância de uma definição correta dos atributos relevantes e do diferencial perante a concorrência em uma declaração de posicionamento de marca. Para concluir o capítulo, serão apresentadas as diferentes etapas do ciclo de vida de um produto e algumas decisões relativas à gestão de portfólio.

Segmentação de mercado

A maioria dos mercados não é homogênea, ou seja, os consumidores diferem entre si em muitas exigências de compra. Há homens que preferem um carro esporte e mulheres que preferem esmalte de unha com cores básicas. Preferências difusas e mercados amplos dificultam os esforços dos gestores de produtos e marcas para satisfazer as necessidades de todos os clientes. Diante desse fato, as empresas devem aprofundar o conhecimento que já têm do consumidor para conseguir oferecer produtos que se diferenciem dos demais ao atenderem a certas necessidades específicas.

> **CONCEITO-CHAVE**
>
> O processo de segmentação de mercado, também chamado de *marketing de mercado-alvo*, é uma importante ferramenta de desenvolvimento de marcas e construção de *brand equity*, pois auxilia os gestores de marca a dividir o mercado de atuação da empresa em grupos de consumidores específicos, com características e necessidades semelhantes e diferenças significativas em relação aos demais grupos.

A segmentação de mercado permite que sejam escolhidos os segmentos mais atrativos para a empresa e que seja criado um posicionamento competitivo dotado de comunicação relevante e atrativa para esses segmentos.

Há quatro níveis de segmentação de mercado: o *marketing de massa,* o *marketing de segmento,* o *marketing de nicho* e o *marketing individualizado.*

No início do século XX, quando a instrumentalização surgida na era moderna permitiu a padronização da produção fabril por meio dos ganhos de escala, reduziram-se custos, e produtos industrializados tornaram-se mais acessíveis a um número expressivo de novos consumidores. Nessa época, a administração de marketing era apenas conseguir escoar a produção para qualquer indivíduo que pudesse adquirir o produto, o chamado *marketing de massa.*

Marketing de massa

No marketing de massa, os produtos, oferecidos em seu nível básico, eram projetados para atender a uma grande quantidade de indivíduos. O grande objetivo era focar produção, distribuição e promoção de apenas um tipo de produto para todos os compradores. Henry Ford sintetizou o marketing de massa ao afirmar que os consumidores do seu Ford modelo T podiam escolher qualquer cor que desejassem, desde que fosse preta.

Marketing de segmento ou segmentação de mercado

Segmentar um mercado consiste em dividi-lo em grupos que se comportem da mesma maneira ou tenham necessidades semelhantes. Associa-se a cada segmento de mercado um composto de marketing específico. O processo inicia com a identificação de atitudes semelhantes em relação ao produto, à localização geográfica, ao comportamento de compra e ao poder de compra.

> **EXEMPLO**
> A sopa instantânea Vono identificou mulheres executivas à procura de uma refeição prática, leve e saborosa como segmento de mercado.

Para ter valor estratégico, cada segmento de mercado deve ser mensurável – passível de quantificação do potencial de vendas –, acessível – com a existência de canais de distribuição e meios de comunicação para atingir o segmento desejado –, estável – não estar propenso a crises de consumo –, rentável – proporcionar margens confortáveis e lucros interessantes para os acionistas – e identificável – diferente o suficiente para justificar uma segmentação.

Os segmentos de mercado não são criados pelos gestores de marca. Esses profissionais, no entanto, devem ser capazes de identificar, no conjunto de todos os compradores reais e potenciais com renda, motivação e acesso ao consumo do produto, em qual segmento se concentram as melhores margens e oportunidades de retorno financeiro.

O principio básico da segmentação de mercado está relacionado ao fato de os mercados não serem homogêneos e o retorno financeiro ser ampliado quando há ofertas de marketing diferentes para diferentes grupos de consumidores. Não se deve, porém, segmentar demais, pois uma fragmentação excessiva pode deixar os segmentos demasiadamente pequenos e não lucrativos. Definir a segmentação de mercado implica avaliar não só os custos logísticos e de comunicação envolvidos na produção de mais bens ou seviços, mas também os benefícios resultantes da comercialização desses produtos. Segue o quadro 9, para leitura e análise:

QUADRO 9
PÉS GRANDES SÓ NA CASA EURICO

O imigrante alemão Eurico Rosenthal, na década de 1930, tinha uma pequena loja de calçados em São Paulo. Em certa ocasião, viu a oportunidade de comprar um lote de sapatos com a numeração 43 e 44 que estava sendo liquidado por um fabricante prestes a falir. Decidiu comprar o lote e, para sua surpresa, os calçados voaram das prateleiras. A partir daí, Eurico passou a dar mais espaço nas prateleiras para quem calçava números maiores. Atualmente, nos estoques das duas lojas da Casa Eurico, há cerca de 1.800 modelos, entre tênis, botas, mocassins, sandálias e chinelos, todos com numeração acima de 39 para mulheres e 44 para homens. O faturamento anual das lojas é de R$ 5 milhões; além disso, elas estão localizadas em pontos nobres, como o bairro de Moema e a rua Oscar Freire.

Fonte: Adaptado de: Permanecer no vidro ou avançar fronteiras? E-commerce News. Disponível em: <http://ecommercenews.com.br/artigos/cases/permanecer-no-nicho-ou-avancar-as-fronteiras>. Acesso em: abr. 2012.

Marketing de nicho

Um nicho de mercado é um grupo de consumidores, com características definidas, que procura certos benefícios distintos e não tem necessidades satisfeitas. Os gestores de marcas que conseguem, antes da concorrência, perceber uma subdivisão em um determinado segmento e mapear as necessidades específicas desses indivíduos conseguem o que usualmente se chama "achar um nicho de mercado". A maioria dos nichos é explorada por poucos concorrentes – em geral, os primeiros a perceberem a oportunidade.

> **EXEMPLO**
>
> Agências de turismo especializadas em esportes de aventura, lojas de roupas voltadas especialmente para pessoas tatuadas e *pet shops* com serviços especializados para cães labradores são exemplos de nichos.

O Google Zeitgeist é uma ferramenta do Google que permite verificar, com base em bilhões de consultas ao Google em um determinado período, quais são os tópicos mais procurados. Os gestores de produtos e marcas devem estar atentos a tendências de comportamento, para identificar a criação de nichos antes da concorrência.

Marketing individualizado ou marketing customizado

Algumas empresas oferecem aos clientes a possibilidade de montar do próprio jeito os produtos que desejam. A isso se chama marketing individualizado ou marketing customizado.

> **EXEMPLO**
>
> A Harley-Davidson permite que cada comprador escolha, individualmente, os acessórios de sua motocicleta, de modo a garantir que nenhum outro consumidor venha a ter uma moto idêntica à escolhida por ele. A Levi's, nos Estados Unidos, permite que o cliente entre no site da empresa com as medidas do seu manequim e ela envia a ele, pelo correio, uma calça jeans feita sob medida. A M&M permite que o cliente escreva o que quiser – desde que o tamanho da letra permita – nos seus confeitos de chocolate. A Mattel permite que as meninas escolham a tonalidade da pele, a cor dos olhos, dos cabelos, o penteado e entrega na casa de suas pequenas consumidoras uma boneca Barbie customizada. Novas tecnologias de análise de banco de dados permitem que se criem estratégias de atendimento às necessidades individuais de cada consumidor.

Critérios de segmentação de mercado

Embora as organizações possam escolher critérios individualizados de segmentação de mercado, as abordagens tradicionais da administração de marketing apontam quatro critérios básicos de segmentação: *a segmentação geográfica, a demográfica, a psicográfica e a comportamental*.

Segmentação geográfica

Esse critério divide o mercado em unidades geográficas, e sua oferta do produto é diferenciada de acordo com a característica geográfica – país, região, estado, cidade, zona ou, até mesmo, bairro.

> **EXEMPLO**
>
> O McDonald's, por exemplo, tem cardápios diferenciados para cada país. Muitas lojas de conveniência oferecem determinado mix de produtos de acordo com o bairro em que estão localizadas. Algumas redes varejistas adotam a premissa de somente abrir lojas em cidades com mais de 500 mil habitantes.

Os gestores de produtos e marcas devem desenhar programas e ações de marketing que se adaptem às necessidades e às características individuais de cada área, para adequar produto, propaganda e esforços de vendas de acordo com esses diferenciais. Além disso, devem estudar a densidade demográfica e o clima regional como fatores de segmentação geográfica.

> **EXEMPLO**
>
> O consumo de vinho *per capita* é maior nos estados com temperaturas mais baixas, ao contrário do consumo de sorvete, que é maior nos estados com temperaturas mais altas.

Seguem as principais variáveis de segmentação geográfica:

Região	Norte, Sul, Sudeste, estado de São Paulo, capitais de estados
Porte da cidade	Cidades com mais de um milhão de habitantes
Perfil	Cidades litorâneas, zonas rurais, regiões serranas
Área	Zona leste, zona sul, periferia

Segmentação demográfica

Na segmentação demográfica, divide-se o mercado consumidor de acordo com sexo, renda, classe social, idade e grau de escolaridade, por exemplo. Esse é o critério mais utilizado porque, com muita frequência, variáveis como idade, sexo e renda distinguem o consumo de produtos, como acontece na segmentação por classe social, que é muito utilizada para a promoção de produtos como carros, roupas e móveis, além de atividades de lazer.

> **EXEMPLO**
>
> Lojas de brinquedos ou de roupas somente para crianças, serviços bancários para clientes *private*, desodorantes masculinos e carros para famílias grandes (minivans) adotam a segmentação demográfica.

Seguem as principais variáveis de segmentação demográfica:

Sexo	Masculino, feminino
Religião	Católicos, espíritas, evangélicos, judeus, muçulmanos
Classe social	A, A/B, C+
Idade	Até 18 anos / mais de 40 anos
Estado civil	Casados, solteiros, separados
Ocupação	Donas de casa, profissionais liberais, médicos

Segue o quadro 10, para leitura e análise.

QUADRO 10
GERAÇÕES X, Y E Z

O conceito de *diferenças geracionais* tem facilitado, para os gestores de produtos e marcas, o entendimento das diferenças entre produtos por faixa etária e o desenvolvimento de estratégias específicas para cada uma dessas faixas.

Uma das primeiras gerações a serem rotuladas foi aquela nascida após a II Guerra Mundial, nos Estados Unidos. Os chamados *baby boomers*, nascidos entre 1946 e 1964, ficaram conhecidos pelo alto poder de consumo e pela negação de valores tradicionais.

A geração X é composta por adultos de 30 a 45 anos, nascidos, em sua maioria, após a chegada do homem à lua. Essa geração, que passou por um momento de instabilidade financeira nos anos 1980, viu surgir o videocassete, o videogame e o computador pessoal. São, geralmente, fiéis a marcas do seu repertório.

A geração Y é formada por jovens de 20 a 30 anos. Como viveram em uma época de prosperidade econômica, foram rapidamente inseridos no mercado de consumo e testemunharam grandes avanços tecnológicos, como a internet, o que os fez crescer acostumados a realizar tarefas múltiplas.

A geração Z é composta por crianças e adolescentes de até 17 anos. Os chamados *nativos digitais*, também acostumados a realizar tarefas múltiplas, são inquietos e mudam de marcas com frequência. A geração Z não sabe o que é o mundo sem telefone celular ou *joystick* [...]

A tendência é que as gerações fiquem cada vez mais próximas. A geração X, por exemplo, era conservadora em relação à compra pela internet, mas hoje em dia já é mais confiante na hora de comprar. Uma tendência entre os indivíduos da Y e da Z é o apelo por produtos e serviços sustentáveis.

Adaptado do artigo "Raio X completo da geração Y: quem são e como consomem". Disponível em: <ww.mundodomarketing.com.br/inteligencia/estudos/10/raio-x-completo-da-geracao-y--quem-sao-e-como-consomem-.html>. Acesso em: 24 fev. 2014.

Segmentação comportamental

Esse critério de segmentação considera o padrão em que vive o consumidor e se este investe tempo e dinheiro para manter aquele. Consumidores têm necessidades, recursos, hábitos e comportamentos de compra distintos; portanto, qualquer uma dessas variáveis pode ser usada para dividir um mercado. Na segmentação comportamental, os consumidores potenciais são divididos em grupos de acordo com o conhecimento que cada grupo tem do produto e o uso que faz deste.

> **EXEMPLO**
>
> A indústria de cosméticos utiliza o benefício que o uso de um determinado xampu oferece para segmentar o mercado em *cabelos secos, cabelos danificados pelo sol, cabelos que ficam oleosos ao longo do dia* etc.

Seguem as principais variáveis de segmentação comportamental e, na sequência, a figura 8.

Ocasiões	Especiais ou casuais
Benefícios	Velocidade, economia, funcionalidade
Índice de utilização	*Heavy users, light users*
Status de fidelização	Clientes *platinum, gold, silver*

> **HEAVY USERS E LIGHT USERS**
>
> *Heavy users* são consumidores que utilizam um determinado produto de maneira massiva e habitual. *Light users* são consumidores que utilizam um determinado produto de maneira ocasional.
>
> **CLIENTES PLATINUM, GOLD, SILVER**
>
> Clientes com maior frequência de utilização de serviços de cartões de crédito e de companhias aéreas são costumeiramente referenciados como clientes *platinum*, ou muito frequentes; clientes *gold* seriam os clientes frequentes; e clientes *silver*, clientes regulares.

FIGURA 8
BENEFÍCIOS DA CATEGORIA XAMPU

```
                    Benefícios da categoria xampu
                                 |
        ┌────────────────────────┼────────────────────────┐
  Cabelos tratados         Cabelos soltos,         Cabelos livres das pontas
  e revitalizados          macios e suaves         quebradiças e mais firmes
```

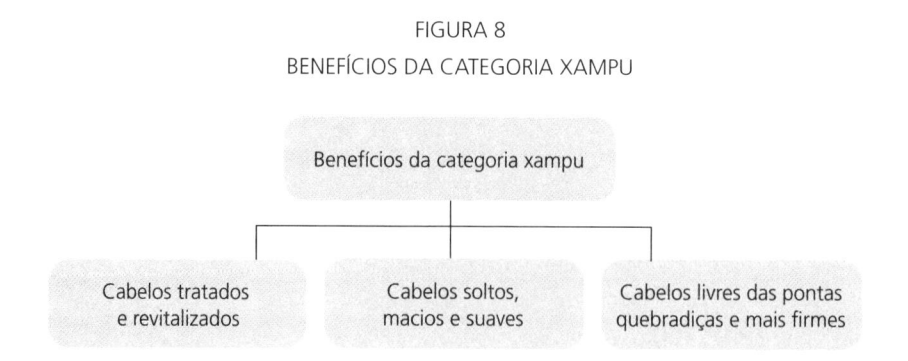

Segmentação psicográfica

A psicografia é a ciência que, baseada na psicologia e na demografia, estuda o comportamento, as atividades e a maneira de ser dos consumidores. Nesse critério de segmentação, o mercado potencial é dividido de acordo com o estilo de vida do consumidor – ou com as características de sua personalidade e seus valores – e os produtos são promovidos para expressar esse estilo. Assim, as fibras naturais,

> **PERSONALIDADE DA MARCA**
> Combinação específica de características humanas que podem ser atribuídas a uma marca em particular, como uma marca charmosa, criativa, realista e aventureira.

por exemplo, passam a representar a forma ideal de uma vida natural, saudável e ativa. Gestores de marca usam fatores de personalidade para segmentar um produto, de modo que a personalidade deste coincida com a do consumidor ou se assemelhe a ela. Usualmente, esse tipo de segmentação é utilizado em produtos como cosméticos e bebidas alcoólicas.

Seguem as principais variáveis de segmentação psicográfica:

Estilo de vida	Aventureiros, sociáveis, esportistas, patricinhas, intelectuais
Personalidade	Ambiciosos, ostentadores, *low-profile*, gregários
Hábitos	Cinéfilos, *gourmets*, viajantes frequentes, vegetarianos
Interesses	Fotografia, ecologia
Opiniões	Legalização de drogas, casamento *gay*, compra de DVDs piratas

O gestor de produtos e marcas, após mapear os segmentos em que deseja atuar, deverá escolher quais e quantos segmentos quer atingir, mas sem perder de vista a atratividade de cada um – tamanho e potencial de lucratividade. Há uma máxima generalizada entre as marcas de sucesso que orienta o seguinte: "Tente ser tudo para todos e você não será nada para ninguém".

Posicionamento

Posicionar uma marca significa achar e conquistar um local para sua oferta e sua imagem, tanto no mercado quanto na mente dos consumidores. Em muitas categorias de produtos, os consumidores se encontram tão impactados por diversas alternativas de consumo e mensagens de comunicação, que dão preferência àquelas marcas que aparentam se diferenciar das demais. Os consumidores disponibilizam espaço em suas mentes apenas para produtos ou serviços que lhes proporcionem soluções únicas e singulares, que ainda não tenham sido oferecidas pela concorrência.

Produtos surgem em fábricas, mas marcas são criadas na mente do consumidor. Um dos desafios do gestor de produtos e marcas é conseguir posicioná-las de forma que elas ocupem um lugar destacado na mente dos *clientes-alvo*.

Toda marca que almeja ser bem-sucedida necessita desenvolver um posicionamento que seja diferente daqueles praticados pela concorrência sem, contudo, deixar de ser relevante para o mercado. O resultado de um posicionamento bem-sucedido é a criação de uma proposta de valor centrada no consumidor. Como foi visto anteriormente, no capítulo 2, a equação de valor percebido relaciona benefício e custo; cabe ao gestor de produtos e marcas escolher quais benefícios que, ao serem promovidos, maximizam o valor percebido pelo consumidor. Comunicar esse benefício ao imaginário do consumidor é fundamental para o posicionamento da marca.

Dessa forma, cada profissional de marketing deve escolher quantos e quais benefícios pretende promover. Muitos autores afirmam que é importante, antes do lançamento do produto, escolher um benefício central e ater-se a ele durante todo o seu ciclo de vida. O objetivo dessa estratégia é tornar, de modo incontestável, esse benefício o número um daquele atributo dentro da categoria.

EXEMPLO

Posicionamentos número um incluem melhor atendimento, preço mais baixo, maior valor, maior segurança, mais tecnologia, melhor qualidade. Para exemplificar, o sabão em pó Omo se posicionou como o produto que consegue deixar as roupas mais brancas; a marca Colgate, como aquela que oferece a maior proteção aos dentes; as pilhas Duracell, como as de maior durabilidade.

Uma analogia entre o processo de construção de um prédio e a construção de uma marca mostra que a etapa do posicionamento representa a escolha do terreno e a preparação para o início da construção; da mesma forma, antes da definição, da identificação e do lançamento de uma marca, deve-se escolher um meio para ocupar espaço no coração e na cabeça do consumidor.

Existem tipos distintos de abordagem para desenvolver o posicionamento de um produto:

Tipos de abordagem para desenvolver o posicionamento de um produto		
Descobrir uma necessidade ainda não atendida	Especialização para criar um novo nicho de mercado	Transformar uma solução preestabelecida

Ao estudar e mapear as necessidades dos consumidores, o gestor pode descobrir uma necessidade não atendida por nenhum produto no mercado; nesse caso, geralmente em segredo, desenvolve-se um projeto bem antes da concorrência. Pesquisas de mercado conseguem, algumas vezes, identificar necessidades ainda não atendidas por nenhum produto na categoria considerada. Quando isso acontece, o processo de preenchimento e conquista de território na mente do consumidor se torna mais rápido e menos custoso, simplesmente pelo fato de o benefício ser inédito. No segundo tipo de abordagem, proporcionar a melhor alternativa para um determinado segmento de mercado, mesmo que pequena ou excludente, é o que preocupa o gestor. A terceira abordagem, considerada revolucionária, envolve pegar uma solução já existente no mercado e transformá-la em um produto tão diferente, que acaba por ser o embrião de uma nova categoria que se descola da anterior.

EXEMPLO

- O *Kindle* da Amazon, primeiro *e-reader* do mercado, antecipou-se aos atuais competidores da categoria *tablet*.
- Podem exemplificar essa abordagem as agências de turismo especializadas em roteiros de aventura – escaladas, *river rafting*, mergulho *scuba* – e a rede de cabelos Beleza Natural, especializada no tratamento de cabelo da mulher negra.
- A bicicleta elétrica é um exemplo.

O fator crítico para um posicionamento de sucesso é o estabelecimento de seu ponto de diferença, a USP – *unique selling proposition*. Sem uma comunicação clara de como o produto se distingue do restante dos produtos da categoria, os consumidores podem percebê-lo como uma *commodity*, escolhida simplesmente por sua disponibilidade e menor preço. Essa forma é facilmente preterida por qualquer oferta similar que ofereça o mesmo resultado com dispêndio de esforço – ou investimento – menor.

O estabelecimento de um ponto de diferença relevante deve ser realizado à luz do posicionamento dos concorrentes. Dessa forma, faz-se um mapeamento das ofertas destes e constrói-se uma matriz de posicionamento para auxiliar a análise da arena competitiva.

Uma matriz de posicionamento é uma ferramenta estratégica de mapeamento de percepção que permite ao gestor de produtos e marcas visualizar sua marca em relação à concorrência, auxiliar o correto posicionamento de seu produto, bem como sua entrada em um novo mercado. Os gestores devem, primeiramente, identificar um leque de atributos para esse mapeamento. Tipicamente, o eixo Y é relativo a custos e o X, à qualidade. Atributos podem ser velocidade, sustentabilidade, apelo tecnológico ou atributos emocionais, como confiança.

> **EXEMPLO**
>
> Por exemplo, um empreendedor que esteja levantando recursos para abrir um restaurante em determinado bairro poderia indicar como atributo determinante para a escolha desse restaurante o estilo da comida – tradicional ou *gourmet* –; já uma montadora da indústria automobilística poderia definir como atributo determinante a esportividade. A Ford, ao lançar o EcoSport em 2002, percebeu que havia um segmento de mercado com muito potencial e poucos competidores: carros esportivos compactos.

Segue a figura 9, para análise.

FIGURA 9
MATRIZ DE POSICIONAMENTO

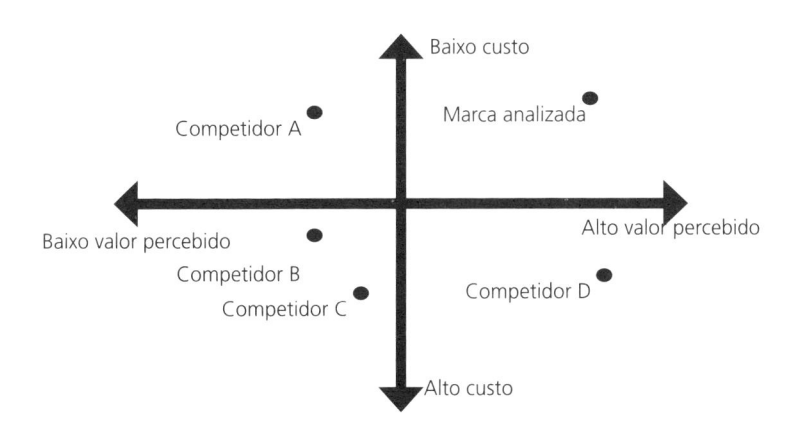

> **COMENTÁRIO**
>
> Devem ser criadas várias matrizes de posicionamento e mapeados atributos que tenham apelo ao consumidor.
> *Quais são as áreas de oportunidade que uma marca pode dominar?*
> Caso esteja criando uma estratégia de posicionamento para uma marca existente, o gestor deve ter muita atenção ao inserir sua marca na matriz de posicionamento porque sua posição deve ser fiel à percepção que os consumidores têm dela. O gestor não pode atribuir, simplesmente, uma posição à marca porque deseja que ela a ocupe. São os consumidores, e não os gestores de produtos e marcas, que movem as marcas pelos eixos da matriz com base nas impressões recebidas de maneira consistente ao longo do tempo.

Para construir uma matriz de posicionamento que espelhe fielmente a realidade de mercado, é preciso promover pesquisas de mercado; não há outro modo de fazê-lo.

É importante assegurar que o ponto de diferença escolhido possa ser protegido. Por exemplo, é muito perigoso posicionar-se por preço e prometer ao consumidor que o seu produto será o mais barato do mercado, porque algum competidor pode vir a praticar margens negativas somente para poder prejudicar ou quebrar seu posicionamento.

Tão logo tenha confiança no perfil do cliente, conheça o segmento de mercado que deseja focar e a própria posição no mercado competitivo, o gestor pode, enfim, escrever a declaração de posicionamento, que inclui a descrição da oferta do produto, o mercado em que deseja atuar, o público-alvo e aquilo que diferencia o seu produto dos demais produtos da categoria.

Uma declaração de posicionamento não é um *release* para a imprensa ou uma propaganda para o consumidor, mas sim uma diretriz que norteia as áreas da empresa e deve servir de base para as ações de marketing, as campanhas publicitárias, as comunicações com o *trade* e os incentivos de vendas.

Algumas marcas optam por mencionar seus atributos principais ao descrever seu posicionamento. Por exemplo, os elementos principais do posicionamento do uísque Jack Daniel's, aqueles que o distinguem da concorrência, são:

> **RELEASE**
>
> Notícia distribuída à imprensa para ser divulgada gratuitamente. Também conhecido como *press release*.
>
> **TRADE**
>
> Parceiros comerciais, cadeia de clientes que intermedeiam o processo de venda entre fabricante e consumidor.

Masculinidade	Alta qualidade	Autenticidade
Nome de marca masculino; cor âmbar vívida, que significa gosto forte e intenso; formato quadrado do ombro da garrafa.	Preço premium = alta qualidade; produto filtrado em carvão vegetal após destilação.	Uísque do Tennessee, fabricado desde 1866 na destilaria registrada mais antiga dos Estados Unidos; fabricado exatamente da mesma maneira há sete gerações.

Gestão de portfólio e ciclo de vida de um produto

Gestão de portfólio

Embora seja interessante que as marcas se associem a um mesmo benefício central ao longo de sua trajetória, o estabelecimento dos pontos de diferença e do posicionamento da marca são processos dinâmicos, modificados de acordo com as movimentações das marcas concorrentes no cenário competitivo.

> **CONCEITO-CHAVE**
>
> Uma gestão de produto de marcas eficiente exige, frequentemente, o mapeamento do cenário competitivo e a análise interna do portfólio para assegurar que marcas de uma mesma empresa não se canibalizem ou tenham posicionamento ou identidade semelhante.
> A gestão de portfólio é um processo que visa equilibrar as atividades dessas diversas unidades e fazer que suas marcas atuem no mercado de maneira sinérgica.

Uma gestão de portfólio equilibrada sustenta o direcionamento estratégico e o plano de investimentos das empresas. Para garantir a sustentabilidade financeira, é essencial que os gestores de produtos e marcas consigam identificar:

1. Produtos que contribuem de maneira positiva para o fluxo de caixa e a lucratividade no momento atual.

2. Produtos que vão contribuir positivamente para o fluxo de caixa e a lucratividade no futuro.

3. Produtos que contribuíram positivamente no passado, porém estão em declínio e, no presente, não contribuem de maneira significativa.

4. Oportunidades de desenvolvimento de novos produtos.

Uma análise de equilíbrio de portfólio auxilia a avaliação do equilíbrio total em termos de fluxo de caixa, perspectivas futuras de potencial e de risco. O equilíbrio é atingido quando os investimentos necessários para garantir marcas ou negócios no futuro são supridos pelo retorno positivo, proporcionado pelas marcas no momento atual.

FIGURA 10
ANÁLISE DE EQUILÍBRIO DE PORTFÓLIO

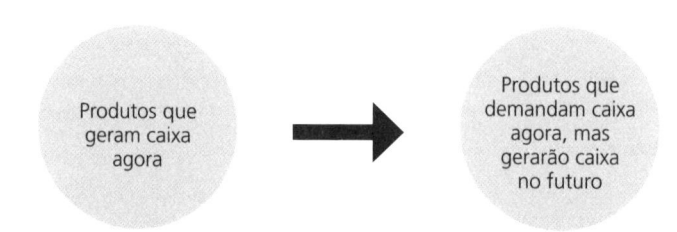

Produtos que geram caixa agora → Produtos que demandam caixa agora, mas gerarão caixa no futuro

Esse tipo de análise leva em conta que a maioria dos produtos tem vida limitada e atravessa estágios distintos. Por outras palavras, cada estágio apresenta problemas, oportunidades e desafios distintos. É o que será visto agora.

Ciclo de vida de um produto e matriz BGC

A evolução do ciclo de vida de um produto costuma ser retratada por meio de uma curva (em forma de sino) que apresenta quatro fases distintas.

FIGURA 11
CICLO DE VIDA DE UM PRODUTO

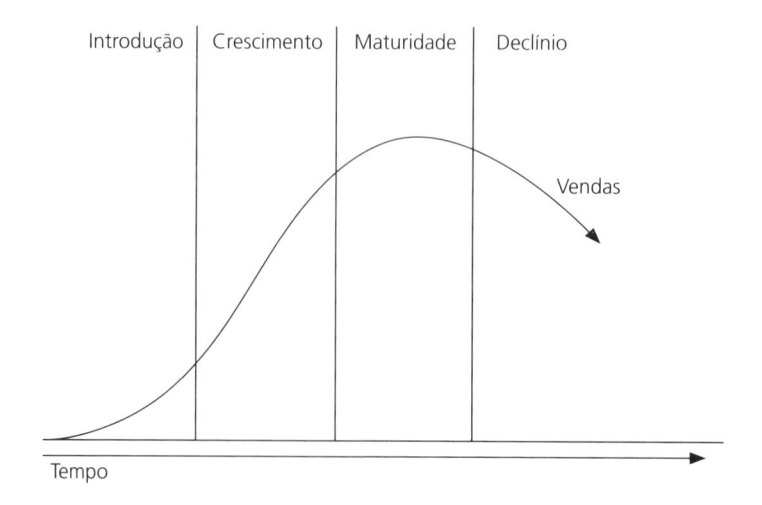

Introdução | Crescimento | Maturidade | Declínio

Vendas

Tempo

Introdução: é o período em que as vendas crescem lentamente. É preciso ter visão de longo prazo, pois o lucro é ainda inexistente nesse estágio. Além disso, são necessários altos investimentos relacionados ao lançamento, tais como propaganda, esforços de vendas e distribuição.

Crescimento: nesse estágio, há uma rápida aceitação de mercado, além de melhoria significativa no lucro. O mercado apresenta ainda uma abertura à expansão que deve ser explorada.

Maturidade: nesse estágio, as vendas começam a cair porque o produto já foi aceito pela maioria dos consumidores potenciais, o que indica que esse público já foi fidelizado. O lucro estabiliza-se até entrar em declínio, graças ao aumento das despesas de marketing, cujo objetivo é defender o produto da concorrência.

Declínio: período de forte queda nas vendas e no lucro. É o momento de desaceleração, eliminação ou revitalização, com a introdução de um novo produto/serviço e seu próprio ciclo de vida.

Identificar com exatidão em que momento cada estágio começa ou termina é tarefa complexa, pois exige observação minuciosa das taxas de crescimento da categoria e dos concorrentes. Um produto pode estar perdendo participação de mercado, porém, devido ao crescimento das vendas da categoria, pode-se, erroneamente, achar que esse produto está no segundo estágio – crescimento. A prática é caracterizar a mudança de estágio quando as taxas de crescimento ou declínio se tornam bastante pronunciadas.

O Boston Consulting Group (BCG), empresa de consultoria sediada em Boston, desenvolveu um modelo de instrumento analítico de apoio à tomada de decisões estratégicas relacionadas ao equilíbrio de portfólio. Esse modelo, conhecido como matriz BCG, é uma ferramenta pioneira na área de estratégia e se tornou extremamente popular na década de 1980. Sua simplicidade para indicar quais tipos de produtos ou negócios, dentro de um portfólio, podem gerar ou consumir recursos fez com que essa ferramenta fosse adotada em larga escala em nível mundial.

O eixo vertical dessa matriz representa a taxa de crescimento do mercado. Essa dimensão constitui uma variável de mais fácil mensuração do que o ciclo de vida de um produto. Também reflete as estratégias e os custos associados a cada etapa do ciclo de vida ao considerar, por exemplo que, provavelmente, crescimentos altos de mercado estão relacionados a produtos em estágio de lançamento e crescimentos baixos, a produtos em declínio.

O eixo vertical da matriz BCG também é um indicador da necessidade de investimentos – consumo de caixa –, já que essa necessidade diminui ao longo do ciclo de vida do produto.

O eixo horizontal, indicador da geração de caixa, representa a participação de mercado relativa. Uma participação alta de mercado, além de sugerir participações menores dos concorrentes, está associada a uma melhor geração de caixa, que resulta de economias de escala e efeitos decorrentes da força da marca, uma vez que participações maiores de mercado levam a uma lucratividade maior. Essa relação lucratividade *versus* participação de mercado tem como premissa que marcas com maior participação de mercado ganham mais experiência que as de seus concorrentes, e experiência resulta em custos mais baixos. Custos baixos significam que, a um determinado preço de mercado, marcas com participação alta têm lucros mais altos e maiores margens para investimento em *branding* e pesquisa.

Os dois eixos dão origem a quatro quadrantes. Na terminologia do BCG, os produtos localizados em cada quadrante recebem nomes de fantasia para a sua fácil identificação (figura 12).

FIGURA 12
A MATRIZ BCG

A partir da figura 12, temos que:

A expressão "vaca leiteira" – *cash cow*, que rima, não por acaso, com *cash flow* = fluxo de caixa – designa geradores de caixa, isto é, produtos em mercados cujas características são: taxa de crescimento usualmente inferior a 10% ao ano; impacto positivo sobre a lucratividade. Esse quadrante é interessante porque os produtos não precisam mais financiar a própria expansão, não consomem investimentos e contam com os benefícios dos ganhos de escala pela experiência. Dessa forma, *vacas leiteiras* tornam-se uma fonte potencial de fundos que podem ser investidos em produtos em desenvolvimento ou em crescimento. É preciso, contudo, que o gestor tenha atenção para não "milkar" ou consumir recursos em excesso, pois isso implicaria perda de competitividade e consumo de recursos próprios.

O "abacaxi", por sua vez, designa produtos que contribuíram positivamente para a lucratividade no passado, porém, no presente, têm baixa participação de mercado, em mercados de crescimento baixo. A maturidade do mercado não exige investimentos expressivos, mas a baixa participação da marca, ou do negócio, no mercado revela que as margens de lucro e o fluxo de caixa que essa marca obteve estão bem abaixo daqueles obtidos pelos líderes de mercado. As marcas e os negócios nesse quadrante geram pouco lucro ou, até mesmo, dão prejuízo. Os nomes "abacaxi", "*dog*" ou "animal de estimação" designam produtos cuja manutenção não é custosa. Além disso, mantê-los pode ser prazeroso e dar algum retorno financeiro, já que, frequentemente, são mantidos por razões sentimentais tanto da empresa como de consumidores fiéis; apesar disso, consomem mais tempo de administração do que valem. Geralmente, os *abacaxis* já foram *vacas leiteiras* no passado.

A "estrela" vai mostrar que produtos com alta participação de mercado, em um mercado com crescimento alto, podem vir a ter um fluxo de caixa parecido com os dos *abacaxis*. É de vital importância, portanto, que os gestores de produtos e marcas distingam os dois tipos de produtos, pois um erro de avaliação pode reduzir os investimentos em *branding* e condenar uma trajetória de sucesso. Um produto ou serviço *estrela* é líder em um mercado de alto crescimento, mas não é, necessariamente, gerador de fluxo de caixa positivo, pois demanda recursos em um mercado em crescimento e precisa defender-se dos ataques dos concorrentes. Marcas ou negócios *estrela* não estão, necessariamente, ganhando dinheiro no presente, mas, caso os investimentos em sua construção sejam consistentes, as *estrelas* serão as *vacas leiteiras* do futuro.

A "oportunidade" designa produtos que apresentam baixa participação de mercado, em mercados de alto crescimento, e podem tanto gerar como consumir recursos. A maioria das marcas – e dos negócios – quando lançadas no mercado ocupa o quadrante inicial (*oportunidades*). Também designados como "ponto de interrogação", "dilema" ou "menino prodígio", esses nomes retratam a indecisão que os gestores de produtos e marcas enfrentam quando têm de decidir o valor a investir, pois, se não o fizerem, é provável que não se faça dinheiro no futuro. A alternativa é investir consistentemente para se tornar uma *estrela*. Além disso, o gestor deve considerar a situação do mercado para avaliar a oportunidade de surgimento de novos segmentos de mercado e inovações tecnológicas. Enquanto *estrelas* dos concorrentes dominam a categoria, o gestor pode criar *oportunidades* por meio de inovação e correta segmentação e posicionamento de mercados.

Com o passar do tempo, marcas ou negócios mudam de posição na matriz BCG devido a alterações em participação de mercado e crescimento deste. Aqueles bem-sucedidos têm um ciclo de vida bem-definido, pois investimentos consistentes são feitos – enquanto ainda são oportunidades – para que os produtos contemplados venham a se tornar *estrelas*. Quando o mercado atingir maturidade, eles se tornarão *vacas leiteiras* até entrarem em decadência e se tornarem *abacaxis*.

FIGURA 13
CICLO DE VIDA X MATRIZ BCG

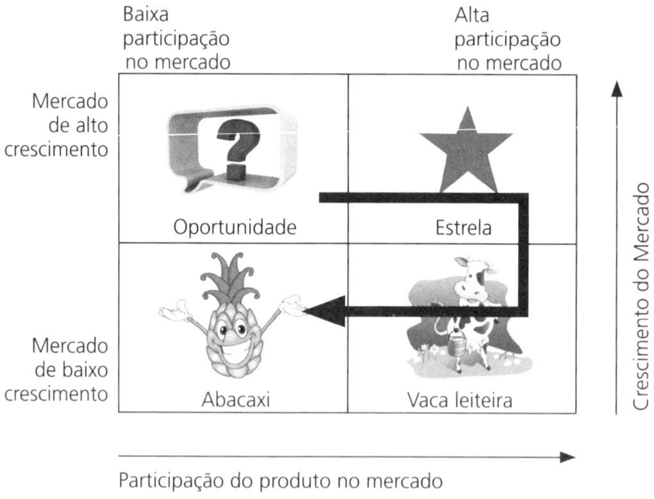

A simplicidade é a maior virtude apresentada pela Matriz BGC, que reúne e atualiza decisões estratégicas importantes e permite que estas sejam apresentadas e compreendidas com rapidez.

Pela primeira vez, os gestores de produtos e marcas tiveram acesso a uma ferramenta que permitia a busca de um objetivo estratégico; desde então, não precisaram mais ficar à mercê dos caprichos do mercado.

Por outro lado, não é nada fácil identificar o mercado indicado para determinada marca, ou negócio. Por exemplo, o chá gelado (*iced tea*) pertence à categoria de refrigerantes ou de sucos prontos para beber? Antes de aplicar a matriz BGC, deve o gestor analisar: como foi definido o mercado; se o conceito de *ciclo de vida* faz sentido, isto é, se há relação entre *taxa de crescimento do mercado* e *geração de caixa*; se há relação entre *rentabilidade* e *participação de mercado*.

> **COMENTÁRIO**
>
> A participação de mercado refere-se ao percentual de cada competidor nas vendas totais desse mercado, seja em reais – participação em valor – *share of value* –, seja em unidades vendidas – participação em volume – *share volume*. Acrescente-se, ainda, que o mercado pode ser definido de maneira abrangente – indústria de refrigerantes, por exemplo – ou específica – como categoria de refrigerantes "sabor cola".

Capítulo 4

O processo de construção de marcas, lançamento de produtos e seus aspectos jurídicos

Neste capítulo, será apresentado o processo de construção de marcas e as etapas que o compõem. Na sequência, será trabalhado o gerenciamento de inovações e o processo de lançamento de novos produtos. Por fim, apresentaremos os aspectos jurídicos relevantes no processo de gestão de produtos e marcas.

Construção de marcas e execução de planos de marketing

O principal objetivo da gestão de produtos e marcas é facilitar as escolhas dos consumidores por meio do diferencial oferecido pelas marcas fortes. A capacidade que uma marca forte tem de simplificar a vida do consumidor, reduzir os riscos e aumentar a percepção de qualidade é um ativo de grande valia. A construção de marcas fortes torna-se, portanto, um grande desafio do processo de gestão de produtos e marcas.

Um aspecto importante a ser considerado na construção de marcas fortes é o da *singularidade*, que deve criar no imaginário dos consumidores a percepção de que não há produtos no mercado que se aproximem do que seu produto pode oferecer em termos de excelência.

O processo de construção de marcas fortes é complexo, não acontece de forma linear e envolve quatro etapas distintas: as três primeiras estão relacionadas à construção da estratégia da marca e a última, à execução das estratégias definidas.

Segue a figura 14, que nomeia cada etapa.

FIGURA 14
ETAPAS DO PROCESSO DE CONSTRUÇÃO DE MARCAS FORTES

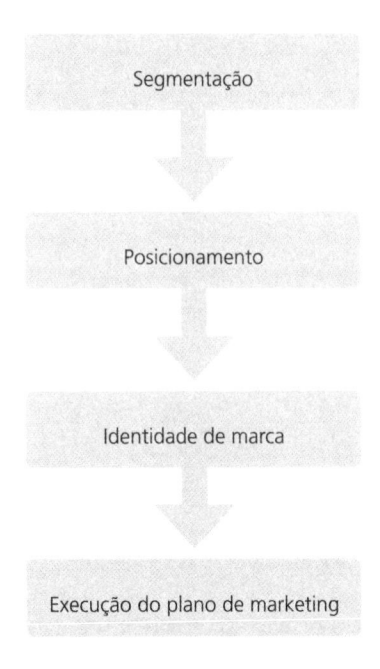

Segmentação
↓
Posicionamento
↓
Identidade de marca
↓
Execução do plano de marketing

COMENTÁRIO
Nas etapas de segmentação, posicionamento e criação de identidade, a estratégia da marca é desenhada e, na fase do plano de marketing, a estratégia definida é executada.

Enquanto um programa de vendas está focado na obtenção de metas no curto prazo, um programa de construção de marcas está focado na obtenção de metas no longo prazo e em seus objetivos principais: dotar os produtos de *brand equity* e aumentar o conjunto de atributos intangíveis que a marca consegue transferir para uma oferta.

O processo de gestão de produtos e marcas é de responsabilidade do gestor de produtos e marcas ou do *gerente de produtos* – cargo usualmente ocupado por esse gestor –, cujas principais funções são: planejar, coordenar e monitorar o desempenho de um produto do portfólio de uma organização.

Normalmente, o gerente de produtos se reporta ao *gerente de marketing*. Quando há muitos produtos ou muitas categorias – de produtos –, o gerente de produtos se reporta ao *gerente de grupo de produtos – grouper* ou *gerente de categoria*, de nível intermediário. Determinadas empresas *multimarcas* usam a expressão *brand development manager* para denotar essa função.

As principais competências de um gerente de produto são: visão estratégica, criatividade e inteligência matemática. Competências relacionadas à gestão de relacionamentos também são essenciais, já que a gestão de produtos e marcas envolve distintos *stakeholders*.

Os *stakeholders* afetam o sucesso do programa de gestão de produtos e marcas; por isso, marcas com boa reputação e percepção positiva desenvolvem programas específicos para cada tipo de *stakeholder*: empregados, fornecedores, organizações comunitárias, agências e meios de comunicação – entre outros (veja a figura 15) –, uma vez que esses *stakeholders* podem se tornar advogados e embaixadores de marcas, influenciar formadores de opinião e dar suporte às estratégias de posicionamento e comunicação da empresa. Transparência, assertividade e uma política de respostas rápidas a todas as solicitações dos *stakeholders* fortalecem o processo de construção de marcas.

> **STAKEHOLDERS**
>
> Grupo interessado no negócio da empresa, como: acionistas, esperando retorno de investimento; funcionário, interessado em remuneração adequada e desafios; clientes, interessados em qualidade e preço no produto ou serviço comprado; comunidade, interessada no zelo ambiental; governo, interessado em mais postos de trabalho e recolhimento de impostos.
> Os *stakeholders* podem ser:
> - internos – colaboradores, proprietários, entre outros;
> - externos – grupos de influência.

Segue a figura 15, dividida em duas, para facilitar a visualização.

FIGURA 15
STAKEHOLDERS DO PROCESSO DE GESTÃO DE PRODUTOS E MARCAS

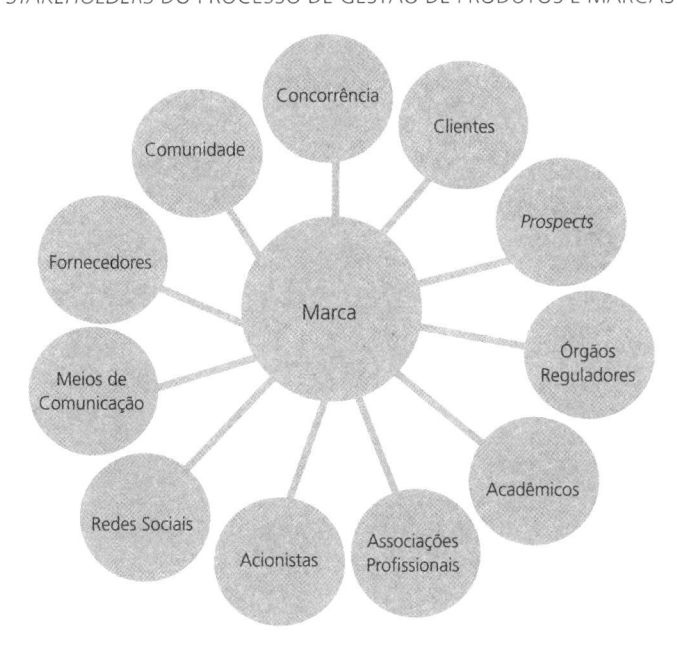

Anualmente, o gerente de produtos é o responsável pela elaboração de um documento chamado *plano de marketing*. Neste, estão detalhadas as justificativas e as ações que serão implementadas no ano seguinte.

> **PROSPECTS**
> Clientes em potencial. Aqueles cujo perfil os inclui no segmento buscado pela empresa.

> **CONCEITO-CHAVE**
> O plano de marketing é um documento que contém: análise da situação atual do mercado, análise de ameaças e oportunidades, objetivos de marketing, estratégia de marketing, planos de ação, fluxo de caixa projetado. Ele é usado durante o lançamento de novos produtos e também para renovar e nortear a abordagem de marketing para produtos existentes. Pode abranger os mercados regional, nacional, continental ou, até mesmo, mundial.

Quanto mais detalhado o plano de marketing, mais ele poderá contribuir para que a empresa alcance os objetivos ali definidos. Para isso, e também para obter informações detalhadas dos concorrentes e da própria empresa – vantagens e desvantagens, potencialidades e fragilidades –, um bom plano de marketing deve incluir dados históricos, previsões futuras, objetivos e métodos ou estratégias.

Um componente importante do plano de marketing é o orçamento anual, em geral composto por uma planilha com desembolsos mensais para cada ação relacionada à construção e à comunicação de marcas.

Nesse orçamento, estão detalhados, justificados e orçados todos os desembolsos relacionados à ativação dessas ações. O gerente de produtos é o responsável pela elaboração e pelo acompanhamento de todas as ações possíveis. Vale destacar que algumas ações relativas a canais de distribuição não se aplicam quando se comercializam serviços.

Ações que devem estar relacionadas no plano de marketing

Comunicação *above the line* (ATL)

Comunicação *above the line* (ATL)			
Propaganda	Relações públicas	Patrocínios	Web marketing

É todo tipo de propaganda que utiliza meios de comunicação de massa: TV, rádio, cinema, *out of home* – mídia exterior, como *outdoors*, empenas de prédio, envelopagem de trens do metrô, *busdoors* –, *banners* na internet, anúncios em sistemas de buscas, como o Google).

Propaganda

Propaganda gera lembrança de marca, *awareness*, entre os consumidores. Assim, a lembrança constante – em TV, cinema, rádio, *outdoor*, jornal, revista – aumenta potencialmente a chance de a marca ser evocada pelo consumidor durante a decisão de compra. Por isso, transmitir a mesma mensagem de marca a mercados numerosos e dispersos é a maior vantagem da propaganda.

> **EMPENA**
> Propaganda que utiliza paredes externas de prédios.
>
> **ENVELOPAGEM DE TREM OU METRÔ**
> Tipo de propaganda na qual um vagão ou toda composição de trem ou metrô recebe um adesivo gigante com a comunicação desejada.
>
> **BUSDOORS**
> Tipo de propaganda aplicado na parte superior da traseira do ônibus.

> **COMENTÁRIO**
> Nos planos de marketing, os investimentos em mídia são, geralmente, centralizados em um plano de mídia, documento que especifica o tipo de propaganda, veículo, data e, no caso de propaganda na TV, canal, programa de TV e praça em que os comerciais serão veiculados.

Relações públicas

A área de relações públicas responde pelo relacionamento da empresa com o meio exterior, por meio de assessoria de imprensa, relações com o governo e com o consumidor e, também, através de *newsletters* que resultem em publicidade – presença não paga em meio de comunicação ou no boca a boca.

> **PRAÇA**
> Distribuição dos produtos. Refere-se tanto à distribuição física ou logística quanto ao canal de que se utiliza.
> Confere-se à primeira definição o conceito de movimentação física dos produtos, e à segunda, o conceito de intermediação de um local a outro, do meio em que foram produzidos ao meio em que serão distribuídos para venda.
>
> **NEWSLETTER**
> Meio de comunicação, boletim informativo distribuído, periodicamente, a um determinado público. Em geral, aborda um assunto específico, restrito a alguma área de conhecimento, veiculado sob a forma impressa e/ou digital.

Ao lançar um produto com o apoio de propaganda, a empresa deve tomar o cuidado de divulgá-lo nos meios de comunicação antes de a propaganda entrar no ar, pois, após a marca já haver aparecido no mercado, os editores dos veículos não veem mais as informações do *release* como notícia, o que diminui as chances de ganho de credibilidade pelo endosso de um repórter ou de uma publicação.

Patrocínios

Tipo de propaganda que visa estabelecer uma forte parceria entre anunciante e eventos relacionados a esportes, entretenimento ou, até mesmo, entre anunciante e organizações sem fins lucrativos. Marcas globais como Coca-Cola, Adidas, Hyundai, Sony e Visa, parceiras da Fifa, patrocinaram a Copa do Mundo da África do Sul em 2010. Marcas locais – Itaú, Claro e Trident – e globais – Volkswagen, Heineken e Coca-Cola – patrocinaram o Rock in Rio em 2013.

Web marketing

Qualquer tipo de ferramenta, propaganda ou ação promocional que realce a visibilidade ou a existência de uma marca na internet. Por exemplo, uso de *banners* e *pop-ups* em sites, contratação de profissional para enaltecer a marca em *blogs* e, até mesmo, contratação de evangelistas, indivíduos com o estilo e a personalidade da marca para divulgá-la em redes sociais, como Facebook e Orkut.

Comunicação *below the line* (BLT)

São ações que não envolvem comunicação de massa. No Brasil, as empresas costumam chamá-las de *ações de marketing promocional*.

Comunicação *below the line* (BLT)			
Eventos	Marketing direto	Promoção ao consumidor	Materiais de ponto de venda

Eventos

São direcionados ao consumidor com objetivo de transmitir a essência da marca por meio da atmosfera e do estilo do evento. A cerveja Skol – com eventos de música eletrônica chamados Skol Beats –, o camarote da Brahma – no desfile das escolas de samba do Rio de Janeiro – e o Red Bull Air Race – corrida de aviões – são exemplos desse tipo de ação de marketing.

QUADRO 11
MARKETING EXPERIMENTAL E MARKETING BOCA A BOCA

Marketing experimental

É fato o grande apelo e o impulso na construção de marcas quando a empresa associa o cliente a uma grande experiência de uso do produto. O marketing experimental tem foco nas experiências do consumidor, que são encontros e vivência de situações, estímulos criados para os sentidos, os sentimentos e a mente. Experiências impactantes costumam deixar o consumidor satisfeito, pois ligam a marca ao estilo de vida deste. Essas experiências, em geral, são ações que combinam entretenimento, treinamento, escapismo e estética. As experiências mais atraentes transformam-se no chamado *marketing boca a boca*.

Marketing boca a boca

Também chamado de *propaganda boca a boca*, é o único método de promoção de produtos feito por consumidores para outros consumidores. Dessa forma, esse método pode ser considerado o modo mais confiável de se ter conhecimento sobre uma marca. O boca a boca pode começar por um colega de trabalho, parente, amigo, cônjuge, professor ou, até mesmo, por um passageiro desconhecido sentado ao lado, no ônibus ou no metrô. Esse consumidor, individualmente, pode "twittar", enviar *e-mails* ou postar uma mensagem no Facebook – que será lida por todos os seus 542 amigos instantaneamente. O gestor de produtos e marcas deve incluir em seu plano de marketing ações capazes de gerar estímulos para que os consumidores falem sobre as marcas da empresa.

Marketing direto

É a utilização de canais diretos para que a empresa chegue ao consumidor e ofereça a ele seus produtos. O marketing direto exerce dupla função: intermediário – ao realizar vendas; facilitador – ao estabelecer comunicação entre as organizações e seus clientes. São exemplos de canais diretos: malas diretas, marketing de catálogo – Hermes –, venda direta – Natura e Avon –, telemarketing e marketing eletrônico.

Promoção ao consumidor

Promoções são atividades de marketing que têm como objetivo estimular o consumidor a reagir da maneira desejada em um curto espaço de tempo. Em geral, as marcas de bens de consumo lançadas utilizam promoções para induzir o consumidor a uma primeira compra. Uma nova marca de biscoito que realize degustações em supermercados ou uma marca de coloração para cabelo que sorteie uma semana em um *spa* entre as consumidoras são alguns dos tipos de promoção mais frequentes. Uma das promoções mais lembradas na história das marcas no Brasil foi a *Mamíferos da Parmalat*, que trocava selos das embalagens de leite por exemplares de uma coleção de bichinhos de pelúcia.

Materiais de ponto de venda

Também chamados de *materiais de merchandising*, POP – *point of purchase* – ou POS – *point of sale* –, são materiais postos exclusivamente nos pontos de venda para atrair o interesse do consumidor ou chamar a atenção para uma oferta especial. *Displays*, pontas de gôndola, réguas de prateleira – *shelf talkers* –, embalagens especiais e cartazetes são exemplos de materiais de *merchandising*.

> **COMENTÁRIO**
> O termo *merchandising*, ao longo dos anos, no Brasil, tomou o sentido de ação de propaganda na qual se paga para expor o produto em uma determinada mídia. Gerentes de produtos referem-se, apropriadamente, a esse tipo de ação como inserção de produto ou *product placement*.

Ações de incentivo a vendas (*trade marketing*)

Ações de incentivo a vendas (*trade marketing*)

| Promoção e incentivo ao *trade* | Comissão e bônus ao *trade* |

São esforços que visam auxiliar os canais de distribuição a impulsionar as vendas dos produtos ao consumidor final.

Promoção e incentivo ao trade

A equipe de vendas do fabricante deve ter especialistas em cada canal de distribuição – pequeno varejo, supermercados, hipermerca-

> **CONSUMIDOR FINAL**
> Consumidor que retira o bem de circulação no mercado ao adquiri-lo ou utilizá-lo. Também chamado de destinatário final, é aquele que finaliza a cadeia de produção.

dos, lojas de conveniência, distribuidores, atacadistas –, pois cada canal tem uma cadeia de valor diferente, pratica margens diferenciadas e oferece os produtos aos consumidores em patamares de preços distintos. Quando conhece a fundo o negócio do cliente, o vendedor passa a ser o gestor de um orçamento específico para esse cliente, responsável pelo pagamento de espaços privilegiados nos pontos de venda, como *check-outs* de supermercados – os *displays* que ficam perto dos caixas – ou as chamadas *ilhas* – pilhas de produtos no centro de lojas. As equipes de promotores de *merchandising* trabalham dentro da loja dos varejistas, porém são financiadas pelo fabricante. O pagamento dessa mão de obra também faz parte deste item do plano de marketing. A principal função dessas equipes é fazer que produtos não faltem nas gôndolas.

Segue o quadro 12, para leitura e reflexão.

QUADRO 12

O PRINCÍPIO DE PARETO

> A regra dos 80/20, originalmente conhecida como princípio ou lei de Pareto, assevera que, para muitos fenômenos, 80% das consequências advêm dos 20% das causas. No mundo dos negócios, esse princípio costuma ser utilizado por gestores para fazer seus times se concentrarem naquelas tarefas importantes. A aplicação desse princípio mostra que 80% das margens vêm de 20% dos produtos e que 80% dos lucros vêm de 20% dos clientes.

Comissão e bônus ao trade

Além de orçamento específico destinado para descontos em preço ou em produtos – bônus –, a equipe de vendas pode conceder aos clientes, a título de enxoval, um estoque simbólico de cada SKU a ser comercializado em uma loja prestes a ser inaugurada.

Pesquisa de marketing

A pesquisa de marketing é usada para identificar oportunidades relacionadas a produtos, avaliar e refinar ações específicas de marketing e entender como o consumidor percebe a marca.

Pode-se fazer pesquisa com consumidores em potencial, os chamados *prospects*, para entender melhor seus hábitos de compra e também o que os motiva a comprar. Em relação ao consumidor atual, geralmente se mapeia a percepção dele em relação aos atributos oferecidos pelo produto quando comparados aos atributos dos produtos da concorrência, o que resulta em um norte para o desenvolvimento de ações de comunicação que possam alcançar, especificamente, aqueles atributos que perderam na comparação.

Lançamento de produtos e inovação

Lançamento de novos produtos

Um processo importante da gestão de produtos e marcas é o lançamento de novos produtos. Algumas empresas de produtos de consumo nomeiam gestores específicos como gerentes de novos produtos.

Uma empresa pode lançar novos produtos por meio da compra de marcas de outras empresas ou por meio do desenvolvimento de produtos. Por sua vez, o desenvolvimento de produtos pode ser realizado pela equipe interna da empresa ou através da contratação de pesquisadores ou laboratórios.

> **COMENTÁRIO**
> Somente poucos produtos podem ser considerados inovadores ou novos para o mundo. A maior parte do esforço de pesquisa e desenvolvimento na área de marketing está relacionada ao aperfeiçoamento de produtos existentes.

São altos os índices de novos produtos que fracassam, não conseguem recuperar o investimento e são tirados do mercado. A algumas razões pode ser atribuído o fracasso de produtos:

- conceito ruim – o produto não atende claramente a uma necessidade do consumidor e a equação de valor não é interessante;
- diferenciação insignificante – a diferença existe, porém não é suficiente para garantir uma mudança de marca. Muitos fracassos estão relacionados a uma proposta do "eu também";
- execução ruim – a ideia e o conceito originais não conseguem ser replicados nem no produto nem na campanha de comunicação;
- orçamento inadequado – falta de investimento em qualquer uma das etapas, desde a pesquisa até a promoção, pode impedir o processo de desenvolvimento do produto;
- tamanho de mercado insuficiente – o mercado pode não ter o tamanho suficiente para a geração de lucro;
- falta de *timing* – o produto pode ter sido testado ou introduzido em uma época inadequada, fora da sazonalidade; por exemplo, lançamento de sorvetes ou protetores solares no inverno;

- público-alvo errado – o produto pode ter sido oferecido para um grupo que não necessitava dele;
- posicionamento inadequado – um produto desenvolvido para atender a uma necessidade pode se posicionar como algo diferente e com uma comunicação não muito clara;
- erro de avaliação da competição – um produto pode fracassar ao subestimar a reação da concorrência;
- mudança de mercado – o ambiente de mercado pode mudar entre o desenvolvimento, a pesquisa e o lançamento (adaptado de Keegan et al., 1995:409).

Uma vez que a empresa tenha segmentado com cuidado seu mercado, escolhido seus *clientes-alvo*, identificado de maneira clara as necessidades destes e determinado o posicionamento de mercado que sua marca almeja, ela já está capacitada para iniciar o desenvolvimento do produto. Muitas empresas, hoje em dia, se orientam para o cliente e, por meio de pesquisas, descobrem necessidades não atendidas, iniciam seu processo de desenvolvimento e incorporam aos próprios produtos atributos que atendem a essas necessidades.

> **TIMING**
>
> Jargão utilizado no mercado financeiro para indicar o momento mais adequado à realização de determinada ação financeira – investimento, resgate, compra, venda.

Segue o quadro 13, para leitura e análise.

QUADRO 13

A EMPRESA 3M E A INOVAÇÃO

A 3M, empresa americana fundada em 1902, tem mais de 50 mil patentes registradas e uma política interna voltada para o processo inovativo, pois incentiva seus funcionários a pensarem "fora da caixa". Seus funcionários têm 15% de seu tempo de trabalho para investir em projetos pessoais novos, e a troca de conhecimento entre trabalhadores e clientes é constante. Por meio dessa troca, na década de 1920, a 3M criou a lixa d'água para enfrentar o excesso de poeira em construções causado pelo lixamento de superfícies. A fita crepe foi criada quando se verificou que barbante, esparadrapo e cola eram as únicas formas, em uma oficina de carros, de fixar o papel utilizado para proteger as superfícies durante a pintura dos veículos; [...]. Alguns dos produtos de maior sucesso foram, todavia, criados por acaso. O líquido impermeabilizante Scotchgard, por exemplo, foi descoberto em 1952 devido a uma mistura de coincidência, senso de oportunidade e empreendedorismo: um funcionário da divisão de produtos químicos, enquanto trabalhava em um projeto para a indústria aeroespacial, deixou cair um pouco de uma substância no sapato; ao olhar, percebeu que aquele produto repelia a água [...].

Fonte: Adaptado do artigo "Como surgiram as cinco das maiores inovações da 3M", Exame. Disponível em: <exame.abril.com.br/tecnologia/como-surgiram-cinco-das-maiores-inovacoes-da-3m>.

O processo de desenvolvimento de produtos envolve uma série de etapas distintas que consideram tanto a aderência do processo à estratégia e às metas de crescimento da empresa como sua aprovação em testes de conceito e de mercado.

Cabe ao gestor de produtos e marcas avaliar cada etapa do processo e decidir se o projeto poderá passar para a etapa seguinte ou se será reciclado e reavaliado ou, até mesmo, abortado.

A maioria das empresas de bens de consumo tem vários projetos de novos produtos acontecendo simultaneamente, e abandonar um projeto faz parte da rotina do departamento de marketing. Já na indústria automotiva, por exemplo, o abandono de um projeto em uma etapa mais avançada do processo tem profundo impacto na lucratividade da companhia e, provavelmente, na estrutura do departamento de marketing.

CONCEITO DE PRODUTO

As boas ideias devem ser apuradas para se chegar a conceitos de produtos que possam ser testados. Uma ideia de produto pode ser transformada em um produto cuja oferta é possível. Um conceito de produto é uma versão mais elaborada da ideia, expressa de uma maneira que o consumidor veja sentido.

TESTES DE MERCADO

Quando o gestor de produtos e marcas está satisfeito com o desempenho funcional e o conceito elaborado, o produto desenvolvido está pronto para ganhar uma marca comercial, uma identidade de marca, incluindo uma embalagem, e ser testado pelo mercado. Há, dessa forma, o lançamento do novo produto em um mercado real, geralmente uma cidade de médio porte, para identificar o potencial de vendas do produto e como os consumidores potenciais reagem ao manuseio e uso do produto e o comparam com os produtos concorrentes.

Inovação: etapas do processo de desenvolvimento de novos produtos

Etapas do processo de desenvolvimento de novos produtos

Geração de ideias	Seleção de ideias	Desenvolvimento e teste de conceito	Estratégia de marketing

A figura 16, na página seguinte, elucida as etapas do processo de lançamento:

FIGURA 16
O PROCESSO DE LANÇAMENTO DE PRODUTOS

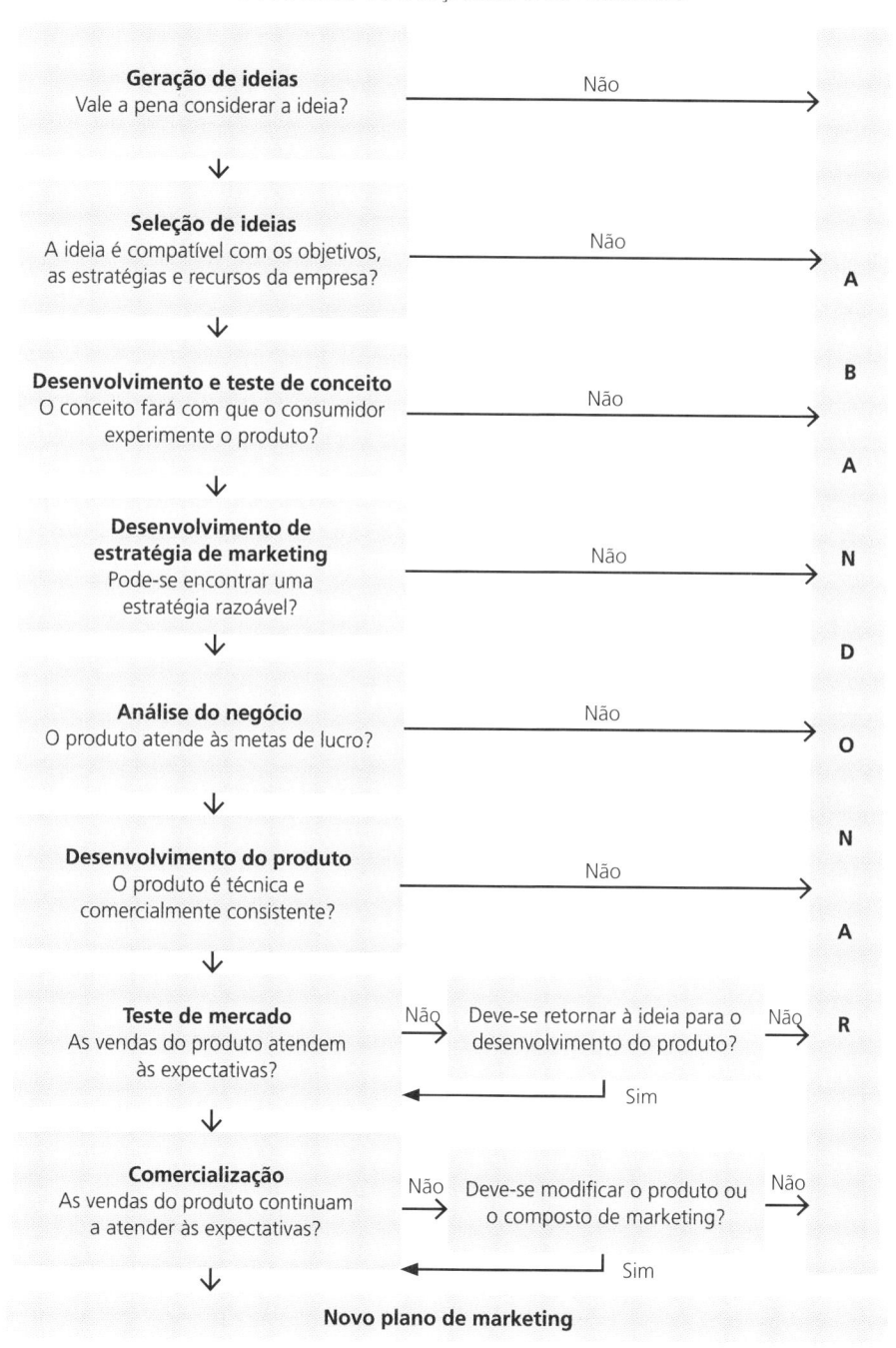

Geração de ideias
Vale a pena considerar a ideia? — Não →

↓

Seleção de ideias
A ideia é compatível com os objetivos, as estratégias e recursos da empresa? — Não →

↓

Desenvolvimento e teste de conceito
O conceito fará com que o consumidor experimente o produto? — Não →

↓

Desenvolvimento de estratégia de marketing
Pode-se encontrar uma estratégia razoável? — Não →

↓

Análise do negócio
O produto atende às metas de lucro? — Não →

↓

Desenvolvimento do produto
O produto é técnica e comercialmente consistente? — Não →

↓

Teste de mercado
As vendas do produto atendem às expectativas? — Não → Deve-se retornar à ideia para o desenvolvimento do produto? — Não → ABANDONAR
← Sim

↓

Comercialização
As vendas do produto continuam a atender às expectativas? — Não → Deve-se modificar o produto ou o composto de marketing? — Não →
← Sim

↓

Novo plano de marketing

Fonte: Adaptado de Kotler (2000:357).

Geração de ideias

A primeira etapa do processo de desenvolvimento de produtos é a *geração de ideias*. Uma ideia de produto é um produto possível, capaz de ser oferecido ao consumidor. O principal objetivo é mapear necessidades não satisfeitas do cliente ou gerar inovação tecnológica. Interagir com os clientes por meio de grupos de foco e entrevistas individuais, e observá-los enquanto consomem produtos da categoria, inclusive os da concorrência, são ferramentas importantes nesta etapa.

Algumas boas ideias são geradas durante sessões de *brainstorming* entre os funcionários da empresa, que o diga Linus Pauling: "*The best way to get an idea is to get a lot of ideas.*"*

GRUPOS DE FOCO

Pesquisa de abordagem direta, em que a entrevista é realizada de forma não estruturada, com um pequeno grupo de entrevistados e conduzida por um entrevistador especializado, ou seja, um moderador.

Segue o quadro 14, para leitura e análise.

QUADRO 14
MARKETING LATERAL

Kotler e De Bes criaram o conceito de marketing lateral. Eles afirmaram que, ao passo que o marketing tradicional ou vertical cria inovações dentro de um mesmo mercado, o marketing lateral as cria fora desse mercado. Enquanto o marketing vertical define um mercado, segmenta-o e produz inovações dentro do mesmo, o marketing lateral produz inovações que abrangem necessidades, usos, ocasiões ou públicos-alvo não pertencentes ao mercado predefinido, o que pode originar novos mercados. Por exemplo, o marketing vertical produz vodcas e cereais em diversos sabores; enquanto o marketing lateral produz soluções de embalagem, como a Smirnoff Ice e as barras de cereais.

Fonte: Kotler e De Bes (2004).

---

* "A melhor maneira de ter uma ideia é ter várias ideias".

Seleção de ideias

Na sequência, a etapa de *seleção de ideias* deve classificar as ideias como *promissoras, marginais* ou *rejeitadas*. Os maiores riscos dessa etapa estão relacionados ao abandono de uma ideia promissora ou à aprovação de uma ideia ruim. O maior objetivo desta etapa é descartar as ideias ruins o mais rapidamente possível, devido ao aumento crescente de custos a cada etapa.

Uma descrição completa da ideia de um novo produto deve mencionar o seu público-alvo, os produtos concorrentes, o preço de venda e o tamanho do mercado em faturamento. Dependendo da categoria, da complexidade da produção e da necessidade de investimento, ainda nesta etapa inicial do processo de desenvolvimento de produtos, prazo, custo de desenvolvimento e uma taxa de retorno sobre o investimento (ROI) devem ser estimados.

Geralmente, a classificação das ideias é realizada, inicialmente, pelo gestor de produtos e marcas e, posteriormente, é levada para a aprovação de todos os membros da diretoria. As ideias promissoras serão então refinadas até que possam se transformar em conceitos de produto. Um conceito de produto é uma versão mais elaborada de uma ideia, expressa de uma maneira que a torne relevante para o consumidor.

Desenvolvimento e teste de conceito

O conceito é utilizado como linha mestra de uma peça de propaganda ou de uma campanha de comunicação.

Um conceito de produto é uma descrição aproximada da tecnologia, dos princípios funcionais e do formato do produto. A medida na qual um determinado produto satisfaz aos consumidores e obtém sucesso comercial depende muito da qualidade intrínseca ao seu conceito.

A etapa de *desenvolvimento e teste do conceito*, dentro do processo de desenvolvimento de novos produtos, tem início com um conjunto de opções relacionadas às necessidades a serem satisfeitas, às ocasiões de consumo e aos públicos-alvo, e termina com um conjunto de conceitos.

> **EXEMPLO**
>
> Por exemplo, uma empresa de bens cosméticos tem a ideia de produzir um novo esmalte que dura um mês sem descascar e muda de cor de acordo com o nível de luminosidade ao qual as unhas são expostas. Isso é uma ideia de produto que deverá ser transformada em vários conceitos de produto a serem testados. Desenvolvem-se conceitos já com o pensamento em quem viria a usar o produto, qual seria o benefício procurado e quais seriam as ocasiões de consumo:

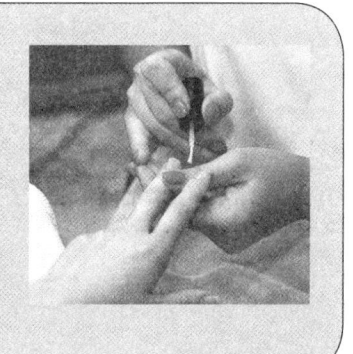

continua

> **EXEMPLO** (Continuação)
>
> - conceito A – um esmalte para mulheres executivas que não têm tempo a perder durante o dia de trabalho e procuram versatilidade;
> - conceito B – um esmalte para jovens adultas que ainda não trabalham, mas procuram um *look* sempre diferente em todos os momentos do dia.

PROTÓTIPO

Versão original e parcial de produtos que ainda não foram colocados em circulação no mercado, isto é, que ainda se encontram em fase de testes ou planejamento. Destina-se à diminuição das incertezas e dos riscos, criando uma forma de suporte para o produto e apresentando, também, suas utilidades aos usuários, clientes e à própria gerência corporativa.

BRIEFING

Conjunto de informações enviadas pelo cliente para que a empresa prestadora de serviço possa identificar a demanda e determinar o perfil do trabalho, elaborar a proposta e o orçamento.

Um conceito é, geralmente, transmitido por meio de *protótipo* e acompanhado por *briefing*. Em grandes empresas, uma equipe de desenvolvimento de produtos eficiente irá gerar dezenas de conceitos, porém apenas alguns receberão atenção e farão parte da etapa final de teste de conceito.

O teste de conceito tem um papel vital no processo de desenvolvimento de produto, pois é o momento em que se apresenta uma ideia de produto para consumidores. Um conceito pode ser apresentado tanto fisicamente como por meio de imagens e símbolos.

Estratégia de marketing

Após a etapa desenvolvimento e teste de conceito, entra a nova etapa – *estratégia de marketing* –, que deve detalhar o tamanho do produto – em volume e valor de mercado – e identificar os concorrentes e o posicionamento do produto de cada um deles. O plano de marketing será posteriormente desenvolvido a partir das estratégias de distribuição, posicionamento de preço, ações promocionais e orçamento de marketing, que serão detalhados nesta etapa.

Etapas do processo de desenvolvimento de novos produtos

| Análise do negócio | Desenvolvimento de produto | Teste de mercado | Comercialização |

Análise do negócio

Esta etapa visa estabelecer custos e previsões de vendas e lucros, com base em cenários otimistas e realistas. Os custos devem ser calculados a partir dos custos de desenvolvimento, dos custos de produção e da logística de distribuição.

O gestor de produtos e marcas é o responsável pela montagem da estrutura de custos do produto, do seguinte modo: os custos de desenvolvimento, de marketing e indiretos devem ser subtraídos do preço de venda desse produto para que se possa chegar à sua margem de contribuição unitária. Assim:

> Preço de venda do produto − (custos de desenvolvimento + custos de marketing + custos indiretos) = margem de contribuição unitária do produto

Uma análise muito utilizada nesta etapa é a do ponto de equilíbrio, o *break even point*, em que o gestor estima quantas unidades é preciso vender para cobrir os custos do produto. Caso a empresa chegue à conclusão de que tem fôlego financeiro para esperar que as vendas alcancem o ponto de equilíbrio, ela parte para a etapa seguinte.

Uma análise similar é a do *pay-back*, que avalia o tempo, geralmente em anos, que o produto irá demorar para recuperar seus custos de desenvolvimento e marketing. Algumas empresas consideram a parte de teste de mercado dentro do período de *pay-back*, mas essa prática varia de empresa para empresa.

Desenvolvimento de produto

Esta etapa envolve o maior investimento de todo o processo, pois são produzidos protótipos de produto não somente para possibilitar aos consumidores a avaliação de características funcionais, mas também para considerar possíveis reações destes a aspectos subjetivos como cores, pesos, tamanhos e formatos.

Cabe aos gestores de produtos e marcas mapear as características físicas que possam impactar o consumidor. Para isso, os protótipos são, primeiramente, testados entre os próprios colaboradores da empresa. Esse primeiro teste é chamado de *alfa*; o teste *beta* é a segunda etapa, em que os protótipos são testados já com os consumidores.

Teste de mercado

Os protótipos que têm bom desempenho no teste *beta* passam para a fase seguinte do desenvolvimento de produtos – *o teste de mercado*. Nesta fase, tanto o produto quanto a estratégia de marketing são testados de maneira combinada em um cenário real, ocasião em que se verifica como os canais de distribuição e os consumidores reagem ao produto. Apesar de algumas situações – como investimentos escassos ou iminente lançamento de um produto similar pela concorrência – levarem as empresas a não realizar testes de mercado, a grande maioria delas escolhe cidades ou estados como mercado piloto e testam o produto, exclusivamente, naquela região.

> **MERCADO PILOTO**
> Tipo de experimento controlado conduzido em uma área geográfica cuidadosamente selecionada, para entender o impacto do programa de marketing nas vendas ou rentabilidades de um produto ou serviço.

Comercialização

Caso os testes de mercado tenham resultados positivos e a empresa decida lançar o produto nacionalmente, deverá considerar, ainda, os custos de ampliação de sua capacidade produtiva e a época propícia para o lançamento.

Geralmente, as empresas procuram lançar produtos inéditos e, assim, desfrutar das vantagens de ocupar, primeiro que as outras, um espaço na mente do consumidor. Contudo, o lançamento simultâneo ao dos produtos de um concorrente pode trazer maior atenção à categoria e diminuir custos de distribuição. A alternativa de se lançar um produto após o concorrente pode ser vantajosa, pois há situações em que mercado e consumidor necessitam aprender a utilizar o produto/a categoria.

Outra decisão importante da etapa de comercialização é o local onde se deve lançar o produto. A empresa pode decidir lançar o produto local, regional, nacional ou internacionalmente. O tamanho da empresa influencia muito essa decisão, pois empresas de maior porte têm condições de investir em uma campanha de lançamento nacional; quanto às empresas de menor porte, estas optam, na maioria das vezes, por lançar o produto somente no mercado local.

Para finalizar, convém falar um pouco sobre o processo de adoção pelo consumidor.

Adoção é a decisão de se tornar usuário fiel a uma determinada marca. O processo de adoção varia consideravelmente entre consumidores e categorias, porém, geralmente, a adoção de inovações inclui cinco etapas distintas:

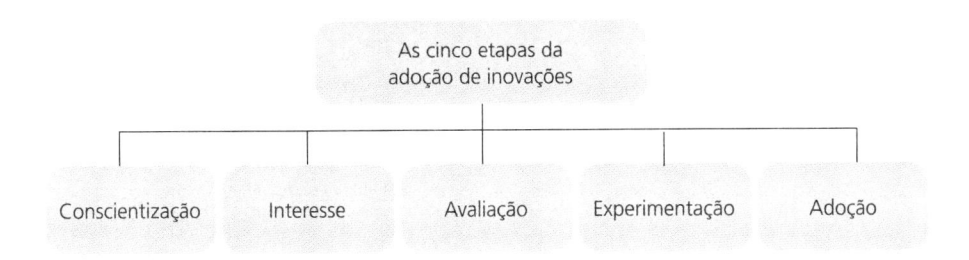

```
                    As cinco etapas da
                    adoção de inovações
   ┌───────────┬───────────┬───────────┬───────────┬───────────┐
Conscientização  Interesse  Avaliação  Experimentação  Adoção
```

Na primeira, *conscientização*, o consumidor toma consciência do novo produto, mas sem muitas informações. Na segunda, *interesse*, o consumidor procura informações acerca do produto. Na etapa seguinte, a de *avaliação*, o consumidor avalia se deverá experimentar o novo produto. Na quarta etapa, *experimentação*, o consumidor tem contato direito ou indireto com o produto. Finalmente, na última, *adoção*, após obter satisfação com o consumo do produto, o consumidor decide usá-lo regularmente.

Os consumidores que adotam uma inovação são classificados em cinco grupos distintos, em ordem cronológica de adoção do produto:

```
              Os cinco grupos, em ordem
           cronológica, de adoção do produto
   ┌──────────┬──────────┬──────────┬──────────┬──────────┐
              Adotantes   Maioria adotantes  Maioria adotantes
  Pioneiros   imediatos   imediatos          tardios         Retardatários
```

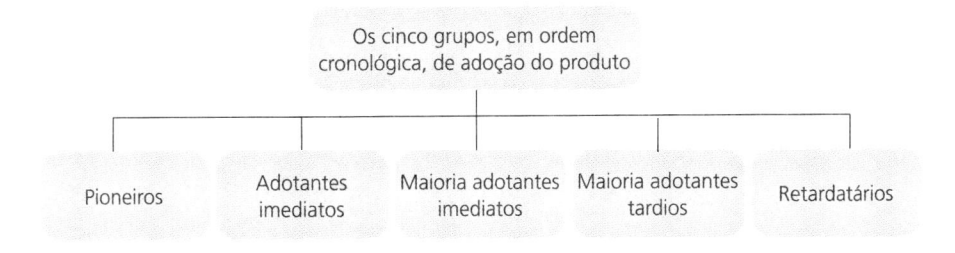

No primeiro grupo estão os *pioneiros*. Primeiros a adotar a inovação, estão, geralmente, dispostos a assumir riscos. No segundo, *adotantes imediatos*, estão os consumidores guiados pela referência; em geral, são formadores de opinião. No terceiro grupo, *maioria adotantes imediatos*, estão os que costumam adotar as ideias antes da média; no entanto, estes são mais cautelosos. No quarto grupo, *maioria adotantes tardios*, estão os céticos, os que adotam uma inovação somente após a maioria ter feito o mesmo. Finalmente, no último grupo, estão os *retardatários que,* presos à tradição, desconfiam de mudanças.

Defendendo sua marca: aspectos legais

Proteção de marca

Um aspecto importante na gestão de produtos e marcas diz respeito à proteção que se deve dar às marcas tanto legal quanto competitivamente. Marcas são ativos, e ativos podem se tornar vulneráveis devido ao seu *brand equity*, aos níveis de lembrança de marca e à imagem já sedimentada no imaginário do consumidor.

Em relação à proteção legal, é importante escolher marcas que possam ser legalmente protegidas e registrá-las, formalmente, junto aos organismos apropriados.

No sentido competitivo, mesmo protegido legalmente, um determinado elemento de marca pode sofrer ataques competitivos capazes de danificar, parcialmente, o *brand equity* contruído previamente. Elementos são suscetíveis à imitação por competidores que põem no mercado produtos com *logos*, nomes e embalagens similares para danificar a imagem e o desempenho de produtos com identidade forte e base de consumidores estabelecida.

Muitas vezes, o ataque pode acontecer da parte de parceiros comerciais ou, até mesmo, de consumidores que, inocentemente, anunciam ou brincam com uma marca e acabam, pela criatividade ou ousadia, obtendo superexposição na mídia.

As marcas devem ser fortalecidas por meio de duas maneiras: a primeira delas é analisar todos os aspectos legais envolvidos com a indústria ou a categoria e, depois dessa análise, tomar as medidas cabíveis para registrar e proteger a identidade de sua marca, para que outros não possam aproveitá-la. A segunda maneira é desenvolver um plano de apresentação da marca que contenha um manual de aplicação de marca e também um guia de proibição de uso.

Marcas fortes ficam sob a constante vigilância de seus proprietários. Os gestores de produtos e marcas e suas equipes não deixam sua marca desassistida em hipótese alguma, já que ataques não vêm somente da concorrência. Marcas com penetração nacional e internacional podem sofrer transgressões à sua essência ou à sua identidade simplesmente por má interpretação ou uso do manual de aplicação de marca feito pela própria equipe de vendas ou distribuição do gestor, distante geograficamente do departamento de marketing. Esse é um dos motivos por que, constantemente, profissionais de marketing estão fazendo *roadshows*, visitando mercados, auditando a aplicação das marcas e realizando treinamento. Ter atenção incessante faz parte da rotina do gestor de produtos e marcas e o cuidado com o detalhe faz parte das competên-

> **ROADSHOWS**
>
> Evento itinerante que passa por vários mercados com o objetivo de apresentar a marca a todos os *stakeholders*.

cias desse profissional. Essas ações combinadas auxiliam o fortalecimento e a não erosão das marcas.

A proteção às marcas está relacionada ao tamanho da empresa ou do empreendimento, ao faturamento da categoria, ao tamanho do mercado em que a empresa atua ou pretende atuar, às ambições da marca e às visões desta, sem deixar de considerar a possibilidade de expansão nacional ou, até mesmo, internacional.

Precauções contra ataques à marca

No atual mundo globalizado, a empresa precisa tomar precauções para proteger sua marca. Assim, não pode deixar de avaliar todos os cenários de expansão, por mais ousados que estes sejam. Caso pretenda estabelecer *brand equity* internacionalmente, não pode deixar de testar a aceitação e a relevância de sua marca em culturas e idiomas estrangeiros. Algumas palavras mudam, substancialmente, de significado em outras línguas.

EXEMPLO

O automóvel Mitsubishi Pajero, por exemplo, teve de ser chamado de *Monteiro* em vários países da América Latina devido ao significado que a palavra *Pajero* tem em alguns países de língua espanhola.

Caso a empresa tenha planos de expansão internacional, também não pode deixar de obter registro internacional de marca ainda na fase embrionária do projeto. Se esta ação não for realizada, a empresa corre o risco de, ao lançar a marca no país escolhido, descobrir que alguma entidade ou pessoa física, atenta à possibilidade de penetração dessa marca específica naquele mercado, se antecipou e a registrou como sua.

Considerando que todas as etapas legais para o domínio e a proteção da marca contra ataques promovidos por indivíduos ou entidades não pertencentes à empresa já tenham sido tomadas, é preciso estabelecer e monitorar os procedimentos relativos à aplicação e ao uso da marca. Tanto os profissionais que compõem o departamento de marketing quanto os funcionários de outros setores da empresa, como vendas e logística, devem receber orientações sobre a maneira correta de se aplicar a marca, o que inclui, ainda, os fornecedores da empresa, como agências de publicidade e assessoria de imprensa, e os parceiros comerciais, como distribuidores ou *key accounts*.

> **KEY ACCOUNT**
>
> Cliente-chave ou conta especial (pessoa física ou jurídica), principal cliente da empresa. Trata-se de aquele que é fiel à empresa, interessa-se pelas novidades que ela oferece aos clientes e submete-se às condições dessa empresa, porque se sente satisfeito por algum motivo – preço acessível, qualidade dos produtos ou serviços, rapidez na entrega de produtos etc.

Para assegurar que a logomarca esteja sempre de acordo com as especificações, a empresa deve desenvolver um arquivo digital que possa ser exportado e aplicado em qualquer escala e dimensão. Além disso, deve proibir a reprodução de *logos* por terceiros ou entidades que não usem o mesmo arquivo digital em alta definição e fornecer, também, versões de *logo* tanto na horizontal quanto na vertical, já que mais cedo ou mais tarde haverá oportunidade de melhor aplicação em um desses sentidos.

Por último, a empresa deve determinar como deverá acontecer a aplicação da logamarca em materiais impressos, especificar a fonte mínima que pode ser utilizada, a escala Pantone de cada letra – caso haja mais de uma cor – e a quantidade necessária de espaço livre ao redor da *logo*.

É importante criar procedimentos que resultem em medidas punitivas para os envolvidos no mau uso das logomarcas. Caso a empresa não puna ou estabeleça ações corretivas para tais infrações, corre o risco de, no mínimo, constatar a erosão da própria marca ou, no pior

> **ESCALA PANTONE**
>
> Sistema de identificação de cores largamente utilizado na indústria gráfica.

cenário possível, perder o registro da marca devido à inabilidade de gestão e à complacência por parte do fabricante/produtor.

> **CONCEITO-CHAVE**
>
> O sistema de registro de marcas utilizado no Brasil é o *atributivo de direito*, ou seja, sua propriedade e seu uso exclusivos somente são adquiridos pelo registro junto ao Instituto Nacional de Propriedade Industrial (Inpi).

A primeira etapa do registro de marcas é a verificação da existência de alguma marca semelhante, já registrada, que possa vir a impedir o registro. Esta pesquisa junto ao Inpi não é obrigatória, entretanto é aconselhável realizá-la antes de pagar a taxa de registro. Também é importante atentar para dobra de letras, semelhança fonética, traduções de idiomas estrangeiros e afinidades entre marcas de categorias diferentes.

A Lei de Propriedade Industrial (LPI), Lei nº 9.279, de 14 de maio de 1996, considera registráveis como marca os sinais distintivos – visualmente perceptíveis – não compreendidos nas proibições legais.

> **CONCEITO LEGAL**
>
> O art. 123 da LPI afirma que, para efeito desta Lei, considera-se:
>
> I. marca de produto ou serviço: aquela usada para distinguir produto ou serviço de outro idêntico, semelhante ou afim, de origem diversa;
> II. marca de certificação: aquela usada para atestar a conformidade de um produto ou serviço com determinadas normas ou especificações técnicas, notadamente quanto à qualidade, à natureza, ao material utilizado e à metodologia empregada;
> III. marca coletiva: aquela usada para identificar produtos ou serviços provindos de membros de uma determinada entidade.
>
> O art. 124 determina que *não* são registráveis como marca:
> - sinais sonoros, gustativos, olfativos, brasões, bandeiras, emblemas, monumentos;
> - letras, algarismos e datas quando não revestidos de forma distintiva;
> - expressão, figura ou desenho contrários à moral e aos bons costumes, isto é, que ofendam a honra ou a imagem de pessoas ou que atentem contra a liberdade de consciência, culto ou expressão;
> - cores e suas denominações, a não ser se dispostas ou combinadas de modo peculiar e distintivo;
> - sinal que induza a falsa indicação quanto à origem, procedência, natureza, qualidade ou utilidade do produto ou serviço a que a marca se destina;
> - nome civil ou assinatura própria, nome de família e imagem de terceiros, salvo se com consentimento do titular, herdeiros ou sucessores;
> - pseudônimo ou apelido notoriamente conhecidos, nome artístico singular ou coletivo, salvo se com consentimento do titular, herdeiros ou sucessores;
> - obra literária, artística ou científica, assim como títulos que estejam protegidos por direito autoral e sejam suscetíveis de causar confusão ou associação, salvo se com consentimento do autor ou titular.

Marcas podem ser registradas sob três formas diferentes:

As três diferentes formas de registro de uma marca

| Marca nominativa | Marca figurativa | Marca mista |

- Marca nominativa: é constituída por uma ou mais palavras, no sentido amplo do alfabeto romano. Compreende, também, os neologismos e as combinações de letras e/ou algarismos romanos e arábicos;
- Marca figurativa: é constituída por desenho, figura ou qualquer forma estilizada de letra e número, isoladamente;
- Marca mista: é constituída por uma ou mais palavras, no sentido amplo do alfabeto romano, e compreende também neologismos e combinações de letras e/ou algarismos romanos e/ou arábicos. A forma mista é a mais utilizada para registro de marcas.

> **COMENTÁRIO**
> Uma marca *coletiva* visa identificar produtos e serviços provenientes de membros de uma determinada entidade. As marcas de cooperativas são consideradas marcas coletivas.
> Uma marca de *certificação* atesta a conformidade de um produto ou serviço com uma determinada norma ou especificação técnica, notadamente quanto à qualidade, natureza, material utilizado e metodologia empregada.
> Uma marca *tridimensional* é constituída por forma plástica de produto (ou de embalagem) que, além de dissociada de qualquer efeito técnico, deve ter capacidade distintiva em si mesma.

O registro da marca vigorará por 10 anos, contados da data de sua concessão, prorrogáveis por períodos iguais e sucessivos. Contudo, o titular deverá manter a marca em uso e formular o pedido de prorrogação durante o último ano de vigência do registro.

Toda empresa (ou pessoa) que, de boa-fé, utiliza no Brasil, há pelo menos seis meses, marca idêntica ou semelhante para a mesma atividade ou atividade afim pode reivindicar o direito de procedência do registro.

O registro da marca é extinto pela expiração do prazo de vigência, pela renúncia – caso a empresa não tenha mais interesse em manter o registro –, pela caducidade – falta de uso da marca – ou por nulidade administrativa – quando o registro anteriormente concedido está incluído em proibição legal. O acompanhamento dos processos é feito, por meio de seu número, em consulta à *Revista da Propriedade Industrial* (RPI), disponível gratuitamente no portal do Inpi.

Um registro de marca dá à empresa o direito exclusivo de impedir que terceiros comercializem produtos ou serviços idênticos, semelhantes ou afins a ponto de confundir seus consumidores.

Uma marca registrada também pode ser licenciada de outras empresas, o que lhe assegura uma fonte suplementar de renda, por meio do pagamento de *royalties*, ou uma base para um contrato futuro de franquia. Nesses casos, o titular da marca mantém a propriedade, mas concorda que a marca seja utilizada por uma ou mais empresas. O contrato deverá prever um tipo de controle sobre o licenciado para garantir a qualidade dos produtos representados.

Contratos de franquia têm como parte essencial a licença da marca, porém o controle sobre o licenciado é, geralmente, maior do que o controle simples previsto nos contratos de licenciamento de marcas. Nesses casos, o franqueador autoriza o franqueado a utilizar não somente as marcas, mas também o conhecimento técnico, o serviço ao cliente, a decoração das lojas e os suportes jurídico e logístico.

> **FRANQUIA**
>
> Franquia é uma modalidade de negócio comercial que envolve a distribuição de produtos ou serviços mediante contrato firmado entre franqueador e franqueado. As franquias envolvem transferência ou concessão de marca, produto ou serviço, consultoria operacional e tecnologia.

É importante também notar o conflito existente entre as marcas e os respectivos nomes de domínio. Cabe ressaltar que os domínios são endereços de internet geralmente utilizados na busca de sites na web. Com o passar do tempo, os domínios tornam-se identificadores de empresas e, muitas vezes, entram em conflito com as marcas. Para evitar esse tipo de contratempo, é essencial escolher um nome de domínio que não seja marca de outra empresa, haja vista que muitas legislações consideram que o registro de marca de outra empresa como nome de domínio é uma infração à marca.

Segue o quadro 15, para leitura e análise.

QUADRO 15

O USO DE ®

> O uso de ® ao lado de uma marca não é obrigatório nem implica qualquer proteção jurídica suplementar; entretanto, é uma forma conveniente de informar ao público que um determinado símbolo ou nome é uma marca, pois, com isso, a empresa se previne contra a ação de infratores ou falsificadores.

Bibliografia

AAKER, David. Should you take your brand to where the action is. *Harvard Business Review on Brand Management*. Boston: Harvard Business School Publishing, 1999.

DHAR, Mainak. *Brand management 101*. Singapura: John Wiley & Sons, 2007.

KEEGAN et al. *Marketing*. Scarborough, Ont: Prentice Hall Canada, 1995.

KELLER, K. L. *Lessons from the world's strongest brands*. Upper Saddle River: Pearson Practice Hall, 2008.

_____; MACHADO, M. *Gestão estratégica de marcas*. São Paulo: Pearson Prentice Hall, 2006.

KOTLER, P. *Administração de marketing*: a edição do novo milênio. São Paulo: Pearson Prentice Hall, 2000.

_____; ARMSTRONG, G. *Princípios de marketing*. São Paulo: Pearson Prentice Hall, 2007.

_____; DE BES, F. *Marketing lateral*: uma abordagem revolucionária para criar novas oportunidades em mercados saturados. Rio de Janeiro: Elsevier, 2004.

_____; KELLER, K. L. *Administração de marketing*. São Paulo: Pearson Prentice Hall, 2006.

LEVITT, T. *A imaginação de marketing*. São Paulo: Atlas, 1987.

RIES, Al; RIES, Laura. *The 22 immutable laws of branding*. Nova York: Harper Collins. 2002.

Sobre o autor

Maurício de Brito Gomes é mestre em gestão empresarial e especialista em marketing estratégico pela Ebape/FGV, bacharel em administração de empresas pela Uerj e tecnólogo em processamento de dados pela PUC-Rio. Já atuou em diversas empresas nas áreas de fumo, bebidas e *oil & gas*. Desempenhou funções nas áreas de gestão de produtos, vendas e marketing. É autor de artigos nas áreas de consumo, estratégia e mídias sociais.

Impressão e acabamento:

Grupo SmartPrinter
Soluções em impressão